贵胄凡尘

清朝十二家铁帽子王的前世今生

金梅 著

山西出版传媒集团 山西教育出版社

序

在中国历代封建王朝中，清朝无疑是现代人最感兴趣的话题。而这个王朝的主人——爱新觉罗皇族，他们在三百年间演绎的一幕幕传奇，更是成为历史研究乃至各类文艺体裁关注的焦点。从努尔哈赤起兵到满洲铁骑入关进而平定天下，从顺治到宣统，从康乾盛世到辛亥革命，这个由少数民族建立的王朝经历了太多太多的繁华与磨难，而其主人也经历了太多太多的辛酸与荣辱。

一直以来，人们总喜欢用唐代大诗人刘禹锡那首著名的《乌衣巷》来形容帝王家族的兴衰成败："朱雀桥边野草花，乌衣巷口夕阳斜。旧时王谢堂前燕，飞入寻常百姓家。"是啊，这简短的四句话，极富深意地道出了一代又一代天潢贵胄的最终归宿。对于爱新觉罗家族而言，他们也最终未能超脱这种宿命。而与前代王朝不同的是，清王朝的主人们所经历的时代变迁更加复杂，几乎可以用翻天覆地来形容。从王朝衰落到民国建立，中间有宣统逊位，有袁世凯称帝，有闹剧般的张勋复辟，有被驱逐出紫禁城，有伪"满洲国"，有新政权建立后的身份改造。这一切的一切，又有多少人能预料得到?

近年来，所谓的清宫戏、穿越剧常常成为荧屏的主角，无意间又使得人们对前朝的皇帝王爷公主格格们产生了浓厚的兴趣。也由此，历史上爱新觉罗皇族内的较量渐渐广为人知。实际上，从努尔哈赤起兵开始，在爱新觉罗家族的核心层内部，就一直存在着斗争，直至王朝覆亡前的一刻，并且在不同时代有不同的特点。在整个王朝存在期间，为了争夺最高的统治权，为了皇位，为了利益，为了荣誉，爱新觉罗的王爷们展开了激烈的较量，即便是到了王朝末年也从未停息。其中，尤以地位最显赫的十二家铁帽子王为典型。透过这些家族的命运，我们就可以深刻地体会到历史的魔力。

作为清朝十二家铁帽子王之一，作为王朝末年绝对的政治主角，恭亲王奕訢家族拥有特殊的历史地位。而地处北京什刹海西南角的恭亲王府邸，作为国内保存最完好的清代王府，更有“一座恭王府，半部清代史”的美誉，在海内外享有极高的知名度。这里不但保存积累了大量珍贵的清代文献资料，而且是重要的清代王府文化研究基地。幸运的是，本书的作者金梅女士正是如今这座府邸的一份子。多年来，她辛勤耕耘，在清代皇族史和王府文化研究方面做出了不懈的努力。为完成《清朝十二家铁帽子王的前世今生》的写作，她广泛搜集相关资料，特别是利用恭王府所藏的大量珍贵历史图片，最终清晰地梳理出清代各个铁帽子王家族之间的复杂关系史，的确不失为一种有益的探索。

文化部恭王府管理中心主任　孙旭光

2015 年 3 月于北京

引言

话说清康熙三十九年（1700年）正月间，一出名为《桃花扇》的传奇剧刚刚上演便轰动了全北京城。很快人们便得知，该剧的作者孔尚任（1648—1718）本系孔子64代孙，著名戏曲作家和诗人。为创作《桃花扇》，孔尚任耗时十年，前后三易其稿，终于在1699年完成。由于该剧基本遵照史实而少有戏说，通过侯方域、李香君这一对才子佳人的命运，形象地刻画出明朝灭亡前统治阶层腐化堕落的状态，从而昭示了历来改朝换代时的无奈宿命，因此自一问世便引起社会各界的关注。一时之间，“王公荐绅，莫不借抄”，歌台演出，“岁无虚日”。出人意料的是，当深居紫禁城的康熙皇帝听说此事后，居然也专门派内侍向孔尚任索要剧本。作为一代圣主，康熙皇帝很容易就抓住了《桃花扇》的重点。在“以史为鉴”理念的指引下，他尤其对该剧结尾的一套曲子产生了浓厚的兴趣。

这套名为《哀江南》的曲子，通过教曲师傅苏昆生在南明灭亡后重游故都南京所见的凄凉景象，话兴亡之感，抒亡国之痛，表达了强烈的故国哀思。而最后一支曲牌“【离亭宴带歇指煞】俺曾见金陵玉殿莺啼晓，秦淮水榭花开早，谁知道容易冰消！眼看他起朱楼，眼看他宴宾客，眼看他楼塌了！这青苔碧瓦堆，俺曾睡风流觉，将五十年兴亡看饱。那乌衣巷不姓王，莫愁湖鬼夜哭，凤凰台栖枭鸟。残山梦最真，旧境丢难掉，不信这舆图换稿！诌一套《哀江南》，放悲声唱到老。”更是透过沉郁、悲怆的曲子，使后人不禁感慨，是否不管哪个朝代、哪个皇族都逃不脱这样的历史宿命？

对于当年的康熙皇帝而言，虽然对《桃花扇》中南明弘光小朝廷的不争气同样感慨万千，但一曲《哀江南》或许很难引起他的共鸣。毕竟，那时的大清朝即将走向新世纪，爱新觉罗家族的江山刚刚拉开辉煌的大幕，并且似乎会金瓯永固。他们无论如何也不会想到，有朝一日，堂堂大清王朝的天潢贵胄也会如《哀江南》所哀叹的那样。

这样的事实恰恰就发生了……

目 录

第一章

大清末代王爷们的咏叹调

“铁帽子王”是怎样炼成的

列位看官，你道此处为何非要提起这主旋律很不给力的《桃花扇》？实在是因为本书的主角们活脱脱就是这出千古名剧的最新版注解。曾记否，早在2500年前，中国第一部编年体史书《左传》中就警告后人：“禹、汤罪己，其兴也勃焉，桀、纣罪人，其亡也忽焉”（禹和汤怪罪自己，他们的兴盛很迅速，势不可挡，桀和纣怪罪他人，他们的灭亡也很迅速，突如其来）。而六十多年前的1945年7月，在延安的一孔窑洞里，68岁的民主人士黄炎培同样曾表达过这样的困惑：“我生六十多年，耳闻的不说，所亲眼看到的，真所谓‘其兴也勃焉’‘其亡也忽焉’，一人，一家，一团体，一地方，乃至一国，不少单位都没有能跳出这周期率的支配力。大凡初时聚精会神，没有一事不用心，没有一人不卖力，也许那时艰难困苦，只有从万死中觅取一生。既而环境渐渐好转了，精神也就渐渐放下了。有的因为历时长久，自然地惰性发作，由少数演为多数，到风气养成，虽有大力，无法扭转，并且无法补救。”是啊，作为一名亲眼目睹了清政权走向灭亡全过程的知识分子，黄炎培完全有资格对中国历史“周期率”的魔咒发出感慨。

想当年，努尔哈赤以十三副遗甲起兵，开始了抗击明朝、统一满洲的艰难历程。经过半个多世纪的殊死拼杀，满洲铁骑终于攻破北京，踏平江南，爱新觉罗家族由此建立了中国历史上最后一个王朝。在这一过程中，努尔哈赤的兄弟后辈们无疑是大清江山的首要功臣。正是在他们身先士卒的鼓舞下，满洲这个马背上的民族，最终以五万之众所向披靡，击败了数十倍于己的对手。历史也明确记载，在建国过程中，以努尔哈赤、皇太极为核心的爱新觉罗家族成员大多披甲上阵，统兵厮杀，屡立军功，为建立大清国作了很大贡献。而正是在这一过程中，一个势力强大的宗室贵族集团形成了。

相比于前代，清代在皇族政策方面无疑要高明得多。清代的皇族，是从太祖努尔哈赤父亲塔世克辈分开始算起，然后按嫡旁亲疏，分做“宗室”和“觉罗”两大类。凡属塔世克本支，即努尔哈赤及嫡亲兄弟以下子孙，统统归入“宗室”；而凡属塔世克叔伯兄弟支系的，都叫“觉罗”。按照规定，宗室腰系黄带子，觉罗身系红带子，用以显示身份的特殊。故此宗室也俗称黄带子，觉罗俗称红带子。而通常所说的皇族，就是指属于宗室的那部分人。清王朝建立后，针对前朝皇族分封时产生的各种弊病，建立了一整套具有满洲特色的皇族爵位制度。最初确定的皇族爵位共有十二等，依次为和硕亲王、多罗郡王、多罗贝勒、固山贝子、奉恩镇国公、奉恩辅国公、不入八分镇国公、不入八分辅国公、镇国将军、辅国将军、奉国将军和奉恩将军。封爵的方式分为两种，一种是因在战争中立下军功而封爵，称为军功封；另一种是因属于皇帝的直系子孙而封爵，叫恩封。正常情况下，受封者的后代是可以承袭这些爵位的。而袭爵的方式也分为两种：一种是降等承袭，这是一般的惯例，即逢子孙袭爵时，每代要递降一个等级来承袭。不过也有一个底线，就是由亲王递降至奉恩镇国公、郡王递降至奉恩辅国公、贝勒递降至不入八分镇国公、贝子递降至不入八分辅国公、奉恩镇国公递降至镇国将军、奉恩辅国公递降至辅国将军之后，就不再递降了，可以一直承袭下去。另一种是原等承袭，即由皇帝颁诏允许，某些爵位逢子孙袭爵时，可以按其父、祖的原等级来承袭，世代相承不变；若没有子嗣后代时，则以旁支后代奉始封祖先祀，并承袭该爵，这就是所谓的世袭罔替。

由于爵位的世袭罔替属于特殊的皇家恩典，在清代皇族的众多成员中，

努尔哈赤

只有极少数人能得到特批。有清一代，前后只有礼亲王、郑亲王、睿亲王、豫亲王、肃亲王、庄亲王、克勤郡王、顺承郡王、怡亲王、恭亲王、醇亲王、庆亲王这十二家享受这种殊荣。其中，前八家都是因其祖先在清王朝开基创业中军功卓著而受封，属于军功封，而且都受封于清朝初年；而后四家则是因始封者与当时的皇帝有着特殊的关系而受封，属于恩封，并都产生于清朝中后期。在民间，人们俗称这十二家皇族为“铁帽子王”，形容王爵的牢固、名声的显赫和身份的高贵。不过在另一方面，所谓的“铁帽子王”并非真的铁打不动。实际上随着清王朝皇权专制日益集中，任何一家王爷的兴衰荣辱都取决于当朝皇帝的喜怒哀乐。虽然十二家“铁帽子王”的承袭都延续到了清朝灭亡，但其间也曾有很多王爷身陷云谲波诡的政治倾轧，很多王爷的帽子被无情摘掉甚至死于非命，真正能长期保持尊荣的很少很少。身为爱新觉罗家族中金字塔的最高层，几乎每家王爷都曾被卷入皇族争斗的漩涡，这种争斗甚至贯穿了整个清王朝始终。

与明朝皇帝将王爷们分封到地方由地方官监督不同，清朝是将所有王爷都集中在京城皇帝的眼皮底下，这样就避免了一些王爷以封地为据点叛乱的现象。清朝在这方面还有一点与明朝不同，就是允许皇族成员参与朝政。早在入关之初，朝廷就建立了一套鼓励皇室贵族参与政治的制度。因此在有清一代，任何皇族成员只要有能力，就可以在政治舞台上大显身手，而所谓的“铁帽子王”也正是在此背景下产生的。然而任何一项制度都是把双刃剑。特别是在皇权专制还未高度集中的情形下，各家王爷虽然血脉相连，但为了争夺权利乃至皇位，经常会展开激烈较量，有时甚至是血腥的杀戮。可以说，清朝从开国到灭亡，其皇族内部的斗争就一直没有停歇过，而且这些斗争都直接影响到当时的政局。

早在努尔哈赤时代，虽然他的众多兄弟子侄们都纷纷追随其四处征战，立下了汗马功劳。但由于在政治路线上的分歧，爱新觉罗的先祖们很早就发生了内斗。特别是努尔哈赤的亲弟弟舒尔哈齐一家，父子四人都被害死，只有济尔哈朗逃过一劫。济尔哈朗因为与努尔哈赤、皇太极父子关系密切，反而备受器重，后被封为世袭罔替的郑亲王。当努尔哈赤年老后，在诸子争当继承人的较量中，又有人成为了牺牲品：长子褚英被杀，其子杜度、尼堪后来也遭到压制；大贝勒代善因遭人陷害被贬失宠。努尔哈赤死后，虽然多尔衮日益崛起，但皇太极却在代善的儿子岳托、萨哈廉等人支持下争得汗位。为了巩固自己的地位，皇太极又对二贝勒阿敏、三贝勒莽古尔泰展开了清洗，即便是极力拥戴他的岳托，后来也因为犯颜直谏而被贬，只是在战死后才被追封为世袭罔替的克勤郡王。皇太极猝然病死后，由于在此前没有指定明确的继承人，皇族内立刻陷入一片混乱。以豪格和多尔衮为首的两大派互不相让，差点引发一场政治大地震。最终，作为多方博弈妥协的结果，年幼的福临继承汗位，是为顺治皇帝。而在清除了肃亲王豪格之后，摄政王多尔衮一跃成为最有权势的人。不过多尔衮英年早逝，而他的下场更惨。亲政的顺治在郑亲王济尔哈朗的支持下彻底清算了多尔

康熙皇帝

衮势力，不久便宣布追夺多尔衮“成宗义皇帝”的名号，鞭尸，致使睿亲王的爵位一直中断了上百年。

顺治虽然完成了皇权的集中，但皇族内的争斗在此后几十年间并未停歇。康熙皇帝当政的晚期，一代英主却被皇位继承人这个问题困扰了许多年。由于他所立的太子几度被废，结果就招致了众位皇子的明争暗斗。虽然这些皇子之间还不至于刀光剑影，但拉帮结派、勾心斗角的较量同样令人窒息，即便是一母所生的同胞兄弟也落得个反目成仇。最终，四阿哥胤禛成为最终的胜利者——雍正皇帝，而他给历史留下的一个个谜案，后人至今都难以破解。虽然雍正对皇族内的对手进行了无情的打击，对其同盟者如怡亲王允祥则礼遇有加。然而皇族内的争斗并未因此而彻底偃旗息鼓，即使到乾隆时期，依然出现了理亲王之子弘皙谋逆案。好在已建立起绝对统治的乾隆接受了雍正的教训，在审理此案时采取宽大方针，尽量缩小其负面影响，以便加强宗室团结，最终轻描淡写地处理了此案。而弘皙案的迅速了结，也为清朝前期绵延近百年的皇族内争画上了句号。

又过了近百年的时间，爱新觉罗家族内再次兴起争夺皇位的波澜。当时的皇帝道光在拟定皇位继承人时，在才具平庸的四阿哥奕詝与英气勃勃的六阿哥奕訢之间犹豫了很长时间，而最终他居然选择了前者，这也在很大程度上决定了清王朝后来的发展态势。奕詝、奕訢兄弟原本感情深厚，但却因皇位继承问题反目成仇。结果在咸丰即位后，尽管遵从父命封奕訢为恭亲王，但却在政治上对其进行打压。幸运的是，没过多久，咸丰病死，在新一轮的皇族内斗中，奕訢与慈禧结成盟友，对抗以郑亲王端华、肃顺兄弟以及怡亲王载垣为首的顾命八大臣。然而在慈禧实现了垂帘听政之后，又对恭亲王奕訢进行了多次打击，同时拉拢醇亲王奕譞、庆亲王奕劻等皇族，进而成功控制晚清朝政近半个世纪，而这一时期的同治、光绪两代皇帝彻底沦为了傀儡。在1900年庚子事变期间，慈禧在整个过程中几乎将爱新觉罗皇族玩弄于股掌之上。无论是端郡王家族还是庄亲王、怡亲王家族，都相继成为牺牲品。到王朝末年时，虽然醇亲王家族成为了皇族内最大的赢家，但遗憾的是，大清江山眼看气数将尽。尽管醇亲王家族、庆亲王家族以及镇国公载泽等皇族仍在进行着明争暗斗，但随着辛亥革命的炮声响起，所有的悲喜荣辱都变得毫无意义。在小溥仪的哇哇哭声和隆裕太后的悲泣中，中国历史上最后一个封建王朝终于走向了尽头。至于曾经历了两百多年辉煌的爱新觉罗家族，也从此跌落凡间，成为亿兆斯民中的普通分子。

天潢贵胄的后人今何在

“朱雀桥边野草花，乌衣巷口夕阳斜。旧时王谢堂前燕，飞入寻常百姓家。”——这首出自唐代大诗人刘禹锡（772—842）之手的《乌衣巷》堪称千古绝唱。简短的四句话，极富深意地道出了一幕幕天潢贵胄的最终归宿。因此在后人眼里，与其说这是诗，不如说这是预言和挽歌。是啊，东晋时期王、谢等高门士族逃不脱历史的宿命，一千五百年后的爱新觉罗皇族又如何能够逃脱?

平心而论，清王朝虽起自关外，长期被视为异族，但却始终秉承儒家文化的衣钵。爱新觉罗氏从入关起便宣称以“孝”治国，而体现在家族内部则是尽可能做到优待宗室贵族。1644 年顺治皇帝刚刚登基时，所颁发的第一条诏令便是：“亲王佐命开国，济世安民，有大勋劳者，宜加殊礼，以笃亲贤。”随即加封多尔衮为叔父摄政王，郑亲王济尔哈朗为信义辅政叔王，晋郡王阿济格、多铎为亲王，贝子尼堪、博洛为贝勒，晋辅国公满达海、吞齐、博和托、吞齐喀、和托、尚善为贝子，后尼堪、博洛、满达海等皆晋为亲王。这些为大清江山定鼎立下汗马功劳的宗室王爷，都被称为“开国诸王”或“军功勋旧诸王”。进入康熙朝以后，又陆续封了几十位亲王、郡王和一大批贝勒、贝子、公。由此，一个庞大的上层宗室贵族集团形成了。其间，除了一部分因为卷入皇族内斗而遭到打击之外，大多数王公贵族基本都能得到朝廷的优待。

按照规定，清代亲王年俸10000两、郡王5000两、贝勒2500两、贝子1300两、镇国公600两、辅国公300两；随俸银有相应的俸米，从亲王5000石、郡王3000石到最低的奉恩将军55石不等，另外各个等级还拥有数目不等的庄丁田地。从这个数字看，王爷们的待遇无疑是优厚的。高额的俸禄加上数目可观的地租收入，足以保证这些王爷的家族过着锦衣玉食的日子了。然而在实际上，由于理财能力指数几乎为零，加上老祖宗各种规章制度的限制，清代的王爷们并不像我们后人想象的那样荒淫奢侈。

鲜为人知的是，与明代皇族中那些一个赛一个的败家子不同，清代的大多数王爷其实过得几乎是清教徒式的生活，他们最大的娱乐恐怕就是在自家王府里听听戏、斗斗蛐蛐了。先说这吃，尽管后世有所谓的“满汉全席”几百道菜，但与王爷们可没多大关系。从清代王府里边流传出来的食谱明确证实，当年的王爷们吃的都是些大众食品：早餐是从街上买的吊炉马蹄、麻酱烧饼和油条，而且从不换样；中饭和晚饭固定的菜是拍黄瓜和素拌菠菜，偶尔有烩什锦丁、鸡丝烩豌豆。唯一体现身份的就是每餐必备两小盘熟食，如小肚、酱肉等。主食永远是白米饭，有时还是陈米。也就是说，与当时的普通百姓相比，王爷们的吃食自然要高级一些，但丝毫谈不上高不可攀，甚至连现代普通官员“四菜一汤”的标准都达不到。至于穿衣打扮、居家出行，在严格的皇家制度面前，王爷们也是丝毫不敢越雷池半步。为了管教王府子弟，老祖宗们制定了很多清规戒律，以保证皇室教育的推行。小王爷们6岁入学，18岁出学，要学习12年，学习内容主要是满语、骑术、四书五经等。从入学起，早上六时开始上早自习，一天要学习八至十个小时，比我们现在的中学生还辛苦。

虽然清代的皇族教育在一定程度上保证了王爷们在德才方面的发展，但奇特的金钱观念却导致他们的经济处境日益走下坡路。原因是清王朝对整个八旗集团都实行了供给制，同时又对旗民所能从事的职业进行了严格限制。其出发点原本是为了该集团的战斗力，但却事与愿违，这种制度最终反而扼杀了入关之初八旗所具有的活力。而作为八旗集团的最上层，皇族们的命运更是鲜活的例证。当初，为了使他们专心为朝廷服务，保证其

西方人笔下的清代王爷

高高在上的封建等级尊严，同时出于防止他们觊觎皇权的目的，朝廷严格规定，凡宗室成员，不得随意离开北京，更不得从事其他职业。结果久而久之，这些天潢贵胄竟完全失去了劳动和谋生能力，彻底沦为了社会的寄生群。因此在朝廷待遇优厚的情形下，他们基本上不需要关心，也不能关心任何家中与财务有关的事情，因为这些事自有下人操心。但是到清代中叶以后，随着国家经济形势的恶化和物价上涨，王爷们原先的收入越来越不够挥霍了。虽然朝廷体谅他们的困难，想出用津贴补救的办法， 但依然无济于事。到王朝末年时，许多王爷据说甚至落魄到了“画服入朝”的地步了——每当出席重大活动必须穿礼服时，就用纸画一个图案别在罩褂前后糊弄了事。而对于许多日益贫困的王公贵族，朝廷也是力不从心，无法一一救济。以至于就连世袭罔替的郑亲王府，也因入不敷出，被迫向京中商号贷款。当然也有一些王爷照样能维持体面乃至豪奢的生活，但其经济收入的来源无非是权钱交易，像著名的庆亲王奕劻家族就属此类。

1911年，辛亥革命一声炮响，清王朝轰然倒塌，爱新觉罗皇族也迅速走向了末路。由于革命彻底摧毁了他们赖以生存的经济基础，这些王公贵族们纷纷寻找退路。据当时的报道，革命爆发后，“各王公大臣府第，亟于自保财产，纷纷向银行提取现银，积存私宅，且有转存外国银行及收买黄金者，人心愈加恐慌”，或者开始寻找国外拍卖行将府藏的古籍、字画、瓷器拍卖变现，或者把绝大部分资产迁至天津、青岛、旅顺等地。由于大多数末代皇族既无谋生手段又挥霍无度，被迫买古董、字画，乃至卖房子卖地甚至卖祖坟，最后仍逃不脱家产荡尽、流离失所的命运。到民国年间，有关满族贵族穷困潦倒乃至世子王孙上街拉洋车之类的新闻屡屡出现在报刊之上。例如庄亲王的后代就饿死在南横街一个会馆的空房子里，死了都没有人收尸；克勤郡王晏森在王朝灭亡20年后干脆加入了“骆驼祥子”的行列……

据末代醇亲王溥杰回忆，当年他的父亲摄政王载沣曾抱怨说，“你看，英国征服了印度，可是印度的王公贵族，至今照样存在。日本灭了高丽，李王一家在日本也继续保持着贵族的爵位。可是咱们，恐怕到最后什么都没有。”令人唏嘘的是，这种抱怨只能从一个侧面反映末代皇族的悲哀和凄凉。自清帝颁诏退位以后，短短几十年间，他们就经历了几乎是过山车式的命运颠簸起落。从袁世凯称帝到张勋复辟，从冯玉祥政变逼宫到孙殿英东陵盗宝，从伪“满洲国”到新中国改造，从“文化大革命”到拨乱反正……昔日的“天潢贵胄”，在一步步向历史说着“再见”，最终被淹没在凡夫俗子的滚滚洪流中，再也难寻踪迹。爱新觉罗家族的血脉虽广泛存在，但爱新觉罗皇族却彻底沦为了历史符号。

清朝末年的爱新觉罗王爷

清朝末年的爱新觉罗王爷

清朝末年的爱新觉罗王爷

可笑的是，在如今这样一个全新的时代，许多人又开始怀念起所谓的皇族血统了。于是在许多正统的爱新觉罗后代已改为汉姓的情形下，许多汉族人反而纷纷冒充爱新觉罗氏后代，不由人感慨历史的魔力。对于这种现象，已故的爱新觉罗嫡系皇族后裔启功先生曾在回忆录中予以驳斥："'文革'后落实民族政策，少数民族不再受歧视，甚至吃香了。于是又出现以姓爱新觉罗为荣的现象，自诩自得，人恭人敬、沆瀣一气，形成风气——我觉得真是无聊。用最通俗的话说就是'没劲'。事实证明，爱新觉罗如果真的能作为一个姓，它的辱也罢，荣也罢，完全要听政治的摆布，这还有什么好夸耀的呢？何必还抱着它津津乐道呢？这是我从感情上不愿以爱新觉罗为姓的原因。"启功先生真不愧为境界高远的大师，看得比很多人都透彻。不过我们还是应该搞清楚，在爱新觉罗家族内，其实是有很清晰的字辈排序的，即：胤、弘、永、绵、奕、载、溥、毓、恒、启、焘、闿、增、祺、敬、志、开、瑞、锡、英、源、盛、正、兆、懋、祥。这是自康熙朝起，历经乾隆、道光、咸丰、民国几个时期陆续拟定下来的。

值得一提的是，虽然清朝皇族都谈不上有什么谋生技能，但他们中的许多人却拥有极高的文化造诣。甚至可以毫不夸张地说，这个家族是中国历史上最有文化品位的皇族。光绪年间，一位西方人就亲眼目睹了他所看到的这样一幕："清皇室的皇子们在未谙人事时就在教育上受到最严格的训练。他们每天凌晨起床，由宫内唯一的太师授课。……如果功课记熟了，一个学生会把书放在太师面前，然后回到座位反复默记。如果功课没有背熟，太师会叫一个在场的太监拿一根教鞭来，再做一次正确的示范。每位皇子由八名学生（满语叫"哈哈珠子"，即随侍皇子皇孙的幼丁）陪读，他们要与皇子学习同样的课本。更加严厉地训诫后者是必要的，皇子如果背不上来，哈哈珠子就要代他挨教鞭。但另一方面，如果皇子与其他学生学得一样好，他们也会受到嘉许或得到奖赏。对最桀骜不驯的皇子，作为最后手段，只有让他自己挨教鞭。尽管太师多数时候只是嘴上说说而已，但实在忍无可忍时，也会把他带去见皇帝。这时，皇帝会命令一个太监拧他的脸。皇太后就是用这一方法处罚已故的同治皇帝。"事实上，至高无上的紫禁城内如此，同属皇族的王府之内同样如此。由于王爷们的外出活动受到限制，他们便在狭小的空间里尽情施展自己的雅好，正如后世研究者感慨的："所以王爷们就只能在自己家里寻摸着怎么闹腾，发展各自的爱好。肃亲王家喜欢唱戏，根据溥杰的回忆，肃亲王家王子宪均曾说过，肃亲王府的日常生活有一个特点，就是每天都差不多要在王府里演戏，而当时剧院一年中也才上演二百来天。而豫亲王家喜欢研究小点心，等等。这也就不难理解，为什么王爷们大都艺术造诣精湛，而清朝崩溃后，那些王族后裔大都成为艺术家。"的确，在清代宗室及铁帽子王的后人中，涌现出了许多造诣深厚的戏剧家、艺术家，如溥儒、启功、溥氏四杰等就是其中的代表。

追寻四九城的大清王府

提起爱新觉罗皇族，往往让人产生太多的感慨。有谁能相信，在两百多年的时间里，堂堂的王爷们，居然连属于自己的房子都没有？原来清朝的有关制度规定，所有王府属于皇家财产，不归居住者王爷本人所有。也就是说，王爷们居住的都是免费的“央产房”，不能算自家的不动产，子孙们是无权继承的（“铁帽子王”的袭爵者除外）。这就意味着，一座王府里住过的王爷一般都不止一位，比如和珅的宅子，就先后住过庆亲王和两代恭亲王。而即便世袭罔替的“铁帽子王”们，通常只能由承袭王爵的王子接着居住，其他的家族成员则必须搬出王府。如此一来，真有点“铁打的营盘流水的兵”的意思。也正是由于这种制度，清代的各家王爷们大都热衷于收集金银珠宝以防世道突变。

就像后世的官员按级别享受不同面积的住房一样，清代王府的修建也要按照一定的等级标准进行。按《大清会典》有载，王府的基本格局是东、中、西三路并列，东、西两路的住房和花园限制得并不严格，可自由配置。中轴线上的建筑是体现府邸等级差别的所在，要按制度布置前殿后寝，一般为南北向，以正殿为中心。亲王、郡王府共五重殿宇，贝勒以下四重。除一些高规格的亲王府由内务府奉旨筹建、工部负责建造，其他大多则需王爷们自行筹资兴建。不过在通常情况下，一些官员往往会资助钱款或用料，朝廷也会拨部分款项进行修建。如礼亲王杰书建府，康熙皇帝就下旨

西方人笔下的清代王府

命天下资助，甚至府中陈设也系官员献纳。从各种记载及现存实物来看，所有王府的总体布局大致相同，只是局部稍有差别。到王朝末期，由于国力衰弱，很多王府第常借用民间大宅改造，王公的身份只能在大门上有所表现。

作为清王朝的首都，北京城当年分布着大量王府。这些王府绝大多数地处北京内城，但也有个别例外。清初摄政王多尔衮的睿亲王府和阿济格的英亲王府设在皇城，在他们被议罪削爵后即不再为王府。不过后来乾隆皇帝的四女和嘉公主，其府邸仍设在了皇城中，且一直沿用至光绪朝。另外也有设在城外的王府，即昌平的理亲王府。据嘉庆年间记载，当时京城共有王公府邸89座，有确切位置可指的78座。至光绪二十五年（1899年），有记载可查的辅国公以上府邸共有50座。辛亥革命后，随着皇族的没落，大多数王府在变卖后被不断地拆改、添建，部分沦为居民大杂院，逐渐支离破碎，多数已失原貌，甚至残毁殆尽。据1959年的普查登记，当时北京尚有清代王府55座。之后又有很多王府被拆除，至2006年，北京有府址可寻的王公府邸共46座，其中孚王府、恭王府及花园、醇亲王府和淳亲王府等4座王府被公布为全国重点文物保护单位，郑王府、礼王府、克勤郡王府、顺承郡王府、恒亲王府、宁郡王府、和敬公主府、庆王府、醇亲王府、涛贝勒府、僧王府等11座王府被公布为北京市文物保护单位。现存46座王公府邸及遗址中，有21座位于东城区，25座位于西城区，而十二家“铁帽子王”的王府中，有八家在西城区，有三家在东城区，要不老北京怎么流传“东富西贵”的说法呢？

毫无疑问，清代王府是清代政治制度、建筑规制的见证，是皇家文化的重要组成部分，也是中国传统文化的一个方面，具有重要的历史、科学、艺术价值。遗憾的是，在历史的变迁中，这些昔日雕梁画栋、如诗如画的王家府邸，除了个别幸存者如恭王府外，如今要么是被后来的“显赫单位或个人”占据，要么是彻底沦为大杂院，成为寻常百姓的栖身之所。这可真应了刘禹锡的那句诗：“旧时王谢堂前燕，飞入寻常百姓家。”

第二章

第一代铁帽子王：马上搏杀马下博弈

低调的礼亲王代善家拼出了三顶铁帽子

历史如戏，人生亦如戏。在大清铁骑征战四方的滚滚烟尘中，一顶顶闪亮的铁帽子脱颖而出。那些爱新觉罗家族的铁血男儿们，横刀立马，为大清江山的数百年基业立下了赫赫战功。然而任何一出大戏都会分化出主角与配角，铁帽子王这个最特殊的群体同样无法例外。说起来，清朝初年哪家铁帽子王不是功勋卓著？但是随着历史的推移，在无情的政治风浪中，注定会有一些家族逐渐被推向边缘，沦为王朝权力中心的配角。

在清初年的八大铁帽子王中，有三位实际上是一家：礼亲王、克勤郡王和顺承郡王，礼亲王始祖代善是克勤郡王始祖岳托的父亲，是顺承郡王始祖勒克德浑的祖父。而这样的荣耀，在大清皇族中绝无仅有。要知道，虽然太祖努尔哈赤有 16 个儿子，并且在打江山的峥嵘岁月中都建立了赫赫功业。然而也正是在此过程中，努尔哈赤的儿子们为了争夺汗位常常闹得不可开交，结果都没有落得好下场。除了英年早逝的几位，长子褚英早早就被父汗处死，莽古尔泰、汤古代、德格类、巴布海、费扬果等在皇太极时期遭到打击，多尔衮、阿济格、多铎等及其后代则在顺治亲政后遭遇灭顶之灾。只有老二代善，不但活了 66 岁，是最长寿的一个，而且能历经多次政治风波而保全自己。到了晚年更是享尽尊崇，其家族也由此成为爱新觉罗皇族中最显赫的一支。在他的 8 个儿子中，3 人被封为亲王，2 人被封为郡王，1 人被封为贝子，1 人被封为辅国公。而在皇族内部，礼亲王家又被尊为实际上的掌门人，号称“诸王之首”。所以纵观整个大清朝，不论是哪朝哪代，在各家王爷出席正式场合时，礼亲王都必须排在首位。

当然话说回来，代善及其家族虽然后来尽享尊崇，但这一局面实在来之不易，其中的辛酸苦乐恐怕只有代善本人知道。作为努尔哈赤的次子，爱新觉罗·代善（1583—1648）与众位兄弟们相比还是幸运的。早在18岁时，他就与胞兄褚英一起跟随父汗四处征战。本来努尔哈赤在最初想让长子褚英嗣位，但后者却由于屡犯错误而被取消嗣位资格，最终甚至被父汗处死。随后，努尔哈赤宣布次子代善为嗣子，认定其为汗位的继承人。

1616年努尔哈赤建立后金政权后，代善被封为大贝勒，位居勒阿敏、莽古尔泰和皇太极之上。然而随着声望日高，权势日重，在爱新觉罗家族内部的纷争中，代善沦为了牺牲品。1620年，先是有人揭发代善与父汗努尔哈赤的大福晋富察氏关系暧昧，接着又因为兴建贝勒府第时过分计较而招致父汗的不满，最后更因为偏袒后妻而虐待前妻所生之子硕托而遭到贬斥。新账老账一起算，最终努尔哈赤宣布废除代善嗣子之位，并将他的部属全部收回。值得庆幸的是，由于努尔哈赤从此不再指定汗位继承人，而是明确宣布日后由八大贝勒共同执政，代善则在八大贝勒中居首位。或许是吸取了以往行事不周的教训，代善从此变得更加低调，将全部心思都投入到建国立业中。加上他性情宽厚，遇事不露锋芒，能忍能退，因此总算能在随后数十年的权力斗争中化险为夷。由于其战功显赫，在1636年皇太极称帝时，代善被封为“和硕礼亲王”，并加授“皇兄”称号。

努尔哈赤死后，本来在众人眼中，有希望继位的只有大贝勒代善和四贝勒皇太极，但低调的代善不仅没有为自己争位，反而主动推举皇太极继承了汗位。1643年皇太极突然病逝后，当王公贵族们为争夺皇位而剑拔弩张之际，代善始终持中立态度，没有明显地偏袒任何一方。最终两派达成妥协，一致同意拥立六岁的福临即位。正是由于这种超脱的做派，晚年的代善得到了越来越多的尊崇，堪称清朝初年爱新觉罗皇族内最可爱的人。因此在他去世后，顺治皇帝特批了一万两白银的抚恤金，是当时亲王标准的两倍。后来的康熙皇帝在追忆这位伯祖时，曾充满感情地褒奖其“忠冠当时，功昭后世”。

就像第一代礼亲王代善在世时一样，他的子孙们也难免被卷入皇族内的权利斗争。例如他的儿子满达海（？—1652），在清朝初年也算是战功显赫，并在父亲去世后继承了礼亲王的爵位（福临亲政后改封为巽亲王），但后来却因为遭到顺治皇帝的猜疑而被降为贝勒。至于代善的次子硕托和孙子阿达礼则更倒霉。当年在皇太极死后，由于在继承问题上站错了队，硕托和阿达礼在众人已同意拥立福临的前提下，仍然四处活动，极力主张改由多尔衮继位，结果招致众怒，代善亲自将他们逮捕押送多尔衮处审讯。结果硕托和阿达礼二人以叛逆罪被处死，就连他们的女眷都未能幸免。代善另一位不幸的后代便是他的六世孙、著名的皇族才子昭梿。

昭梿（1776—1829），字汲修，自号汲修主人，另说号檀樽主人。昭梿的父亲名叫永恩，原封康亲王，后乾隆念及代善立下累累战功，又改封永恩为礼亲王，恢复了代善当年的爵号。永恩在乾隆朝时，因受某事牵连，从此不大过问政治，以文学艺术自娱。受时代影响和家庭环境熏陶，昭梿也爱好诗文，并留下了一部著名的历史笔记《啸亭杂录》，书中记载了大量清朝典故、满族习俗和贵族官员的遗闻轶事。1805 年，29 岁的昭梿袭封成为第八代礼亲王。两年后礼亲王府失火，昭梿的家产、藏书连同印绶全部付之一炬。嘉庆皇帝赐银一万两，助他重建府邸，同时赐给许多衣帛。虽然嘉庆皇帝给予他一万两白银救济，但昭梿还是穷了下来。1813 年秋，天理教首领林清趁嘉庆皇帝离京之机打进了紫禁城。幸亏昭梿与诸王公大臣一起组织官兵镇压，抓捕了林清等人。不想嘉庆皇帝回京后不但没有表彰昭梿的功劳，反而责备亲贵大臣们玩忽职守。昭梿忍不住私下发了几句牢骚，结果被政敌上报给了嘉庆。不久，昭梿就因为虐待庄头及凌辱大臣、滥用私刑等罪名被革去王爵，押入宗人府监禁，960 亩地产也被悉数没收，直到 1816 年才被释放回家，但铁帽子王的头衔就此丧失了。遭此打击，昭梿便彻底远离了政治，而将全部的精力投入到文化活动中去。作为一名超级戏迷，他不顾舆论的压力，与伶人关系亲密；作为一名文史爱好者，

皇太极

第一代礼亲王代善

他常年以著书为乐，并与龚自珍等人交好。

除了礼亲王之外，代善家族还拼出了另外两个铁帽子王：一个是其子岳托首封的克勤郡王爵；另一个是其孙勒克德浑首封的顺承郡王爵。

第一代克勤郡王岳托（1599—1639）是代善的长子，早年即随父征战，广立战功，并一度深受皇太极的器重。在清朝入关初期，他建议皇太极调整政策，善待被征服的汉民，使王朝很快稳定了局面。然而由于性格直率，岳托也屡屡遭受打击。1636年，他在37岁时被皇太极晋封为和硕成亲王，是努尔哈赤孙子辈中第一个被封为亲王的。但是数月以后，他就因为徇庇“谋逆”的大贝勒莽古尔泰等罪论死，幸亏皇太极念其功高，最终只是将其爵位由亲王降为贝勒。然而仅过了一年，岳托就因为怀有怨气而被解除管理兵部的职务，爵位也由贝勒降为贝子，并罚银五千两。尽管如此，他仍忠心耿耿地为王朝四处征战，只可惜天不假年，1639年病逝于济南前线，时年 41 岁。据说当得知岳托的死讯时，皇太极或许是感到愧疚，当场大哭不止，并追封其为克勤郡王。在清初世袭罔替八大铁帽子王中，克勤郡王排名第七，该王爵共传 13 世 17 王，有 3 人被夺爵，其中第二、第三代称衍禧郡王，第三至第九代称平郡王。与其他铁帽子王家族相比，岳托的历代继承人都比较低调，后人中也没有出过什么显赫的角色。值得一提的是，克勤郡王家族爱好金石收藏，据说其王府的室内陈设都是古玩字画。

第一代顺承郡王勒克德浑（1619—1652）是代善的孙子，其父则是代善第三子萨哈廉（1604—1636）。而勒克德浑之所以能幸运地搭上八大铁帽子王的末班车，很大程度上是因为父亲萨哈廉的功劳。与大多数同辈人不同的是，萨哈廉在清朝初年的皇族中不仅有赫赫战功，而且在治理国家方面也显示出了卓越的才能。据史书记载，尽管他没有接受过系统的文化教育，但却通晓满、蒙、汉三种文字。1628 年 8 月努尔哈赤去世后，萨哈廉与父兄达成共识，极力主张由皇太极继承汗位。而在其后的岁月里，萨哈廉始终保持着对皇太极的忠诚，并在清初开拓疆域的军事和政治活动中发挥了重要作用。对于他的杰出才能，皇太极曾给予了很高的评价：“群子弟中整理治道，启我所不及，助我所不能，唯尔之赖。”然而可惜的是，萨哈廉还没来得及在政治舞台上尽情施展抱负和才华，却突然在 1636 年患病。获知此消息后，皇太极多次遣人前往探视，并且痛切地说：“国家哪有专靠甲兵来治理的？一旦疆域扩大，大业将成，懂得治国之道的贤能却过早死去。谁能帮助我治理国家呢？”本来这年 4 月皇太极已准备封萨哈廉为多罗郡王了，但可惜一个月之后他却不幸病亡，时年仅 33 岁。关于萨哈廉的死因，民间还有传言称：因多次惩处某些残害百姓的宗室子弟和骄兵悍将，萨哈廉得罪了一些权贵政要，结果遭十数蒙面人半路截杀，重伤不治而死。其亲信家将遵其遗嘱，将其以悬棺暗葬于本溪太平岭太平洞中，后家将皆自杀以殉，遂使太平洞悬棺成谜。

萨哈廉死后，皇太极深为悲痛，不但为他举行了隆重的悼念仪式，先后四次进入灵堂吊唁，为之辍朝三日，还追封其为和硕颖亲王。之后，萨哈廉的长子阿达礼降等承袭郡王爵位。然而在 1643 年，阿达礼因为主张拥立多尔衮为帝而获罪，结果被夺爵处死，开除宗人籍，家人也遭到牵连。第二年，多尔衮摄政王的地位稳固后，又宣布对阿礼达的族人予以特赦，并封萨哈廉的次子勒克德浑为贝勒。由于在之后征战江南有功，勒克德浑于 1648 年晋封为多罗顺承郡王，世袭罔替，是八大铁帽子王中受封最晚的一个。与其父亲相似，勒克德浑也是风华正茂、圣眷正隆时英年早逝。1652 年，已被升为议政王大臣和刑部掌管者的勒克德浑病逝，时年 34 岁。纵观整个大清朝，顺承郡王家族的历史显得格外平淡。在勒克德浑的子孙中，或许只有勒尔锦有点故事。

勒尔锦是勒克德浑第四子，于 1652 年袭爵，据传他天生神力。关于勒尔锦的神力，当时有一个传说：扁担胡同夹在顺承郡王府和纳苏贝勒府之间，胡同中再无别的人家，两家又是亲戚，这条胡同几乎成为两家的私产，遂不许平民推车经过。有一个推车卖货的小伙儿，自觉力大，两膀一较力，抬起小车走过胡同，观者大奇叫好，恰逢勒尔锦经过，便叫其过来，佯买货物，拿出一摞铜钱，用两指捏住给小伙子，小伙儿两手无论怎样用力，也无法取出铜钱。后来用绳索套住铜钱，用尽全力，才把铜钱拽出来，再看铜钱个个都裂成两半了，勒尔锦也由此得到了“神力王”的美称。顺承郡王世爵共传 10 世 15 王，其中 3 人被夺爵。

郑亲王济尔哈朗与本家伯父努尔哈赤有杀父之仇

在清初的八大铁帽子王中，郑亲王济尔哈朗的身世恐怕是最为另类的。不但因为他并非努尔哈赤的直系子孙，更奇特的是，在他家与努尔哈赤家之间居然有着一系列血仇——他的父亲与哥哥都死于努尔哈赤之手。当家族中的大多数男人纷纷在皇族斗争中倒下之后，只有济尔哈朗本人逃过了一劫。由于他多年以来始终坚定地站在伯父努尔哈赤家族一边，因此幸运地成为了八大铁帽子王之一。不过就仿佛是命运在作祟，这段皇族内的仇恨终究无法彻底消解，以至于在两百多年后，郑亲王家族的后人再度伸出触角，结果反而引出了又一场惊天大杀戮。

令人唏嘘的是，就像大多数铁帽子王的家族命运一样，郑亲王家也无法逃脱一个宿命：祖先缔造了辉煌，后代却历经坎坷，江河日下。

郑亲王家属于清初八大铁帽子王，其始祖为爱新觉罗・济尔哈朗（1599—1655）。论起来，济尔哈朗的家世是非常特殊的，因为他是努尔哈赤的亲侄子，而其父舒尔哈齐与努尔哈赤之间又有极深的恩怨。

努尔哈赤共有兄弟五人，其中三弟舒尔哈齐、四弟雅尔哈齐与他同母所生，舒尔哈齐比努尔哈赤小五岁。从青少年时代开始，舒尔哈齐就经常跟随兄长外出谋生，并一起在艰苦的环境中成长为一代枭雄。经过一番征战，他们建立起自己的据点。努尔哈赤拥有万余众，战马700匹；舒尔哈齐拥有5000余众，战马400匹。然而随着势力的发展，他们兄弟间却开始出现裂痕。1609年，不甘居兄长之下的舒尔哈齐决意离开努尔哈赤，他与长子阿尔通阿、次子阿敏、三子札萨克图率领自己的部属，准备前往黑扯木另造新城。努尔哈赤闻讯大怒，预先派人截断他们的道路，并设计将舒尔哈齐囚禁。同时下令将两个侄子阿尔通阿、札萨克图处死。两年后，舒尔哈齐在囚禁中死去，时年48岁。舒尔哈齐死后，他的其他儿子均被努尔哈赤收养，而其中的佼佼者便是次子阿敏和六子济尔哈朗。不料到1630年，这两家人再度爆发了冲突。原来自从1626年努尔哈赤死后，已被封为四大贝勒之一的阿敏因父亲被害一事始终耿耿于怀，最终与努尔哈赤的继承人皇太极反目成仇，可惜实力不济，同样被囚禁起来，十年后死在狱中，终年55岁。其命运与其父亲简直如出一辙。

就是在这样一种复杂的环境中，舒尔哈齐的六子济尔哈朗却成为本家族中的另类角色。尽管自己的父亲与三位兄长都为努尔哈赤家所害，但济尔哈朗本人却似乎没有受到任何影响。从12岁那年被努尔哈赤收养起，他就完全融入到另一个家庭中。或许对他而言，努尔哈赤虽然是杀父仇人，但也是亲伯父和养父。可以说，济尔哈朗自小就生活在努尔哈赤的宫中，因此他与努尔哈赤的儿子们关系很好，尤其是与皇太极的关系更是非同一般。据记载，阿敏获罪后，济尔哈朗率领诸弟和子侄辈一同发誓："我父、兄行为有罪，自遭报应。如果我们认为有罪的父、兄做得对而产生异心，一定不得好死！"如此鲜明的立场很快得到了丰厚的回报。为了表彰其忠心，皇太极下令将阿敏名下的镶蓝旗以及家产和人口转归济尔哈朗所有，后者也由此成为满洲地位最高的八大和硕贝勒之一。1636年，皇太极改国号"大金"为"大清"，济尔哈朗晋封和硕郑亲王。而在此后的政治生涯中，济尔哈朗可算得上是一帆风顺。他经历太祖、太宗、世祖三朝，57岁时寿终正寝，还成为清朝历史上唯一一位受"叔王"封号的人。在清初诸王中，他堪称最幸运的一位。

1643年8月，皇太极猝死。在竞争激烈的皇位继承问题上，济尔哈朗原本支持肃亲王豪格与多尔衮竞争，可惜豪格性格软弱而功亏一篑。无奈之下，济尔哈朗提出了一项折衷方案，让六岁的皇子福临继承大统，自己和多尔衮共同辅政。

在任摄政王期间，行事低调的济尔哈朗在很多情形下不得不对多尔衮迁就忍让。尽管他最初被封为信义辅政叔王，但后来仍被多铎代替，甚至爵位都一度被降为郡王。直到多尔衮死后，济尔哈朗的人生才再度迎来转机。通过清算多尔衮集团势力，清王朝的政局得到了巩固，作为当时清朝辈分最高、地位最显赫的亲王，济尔哈朗自然功不可没。1653 年，顺治不仅恢复了其父舒尔哈齐的名誉，还追封他为和硕庄亲王。而就在此时，德高望重的郑亲王济尔哈朗却选择了功成身退。正因如此，顺治对这位叔父极为尊敬。1655 年 5 月，在听到济尔哈朗病危的消息后，顺治亲往府中探视。据说当时出现了这样感人的一幕：顺治流着泪问："叔王还有遗言吗？"济尔哈朗老泪纵横地回答："臣受三朝厚恩，未能仰报，不胜悲痛。只希望早日取云贵，灭桂王，统一四海。"听了伯父这番话，顺治更加悲痛，仰面大呼："苍天啊！为什么不让朕的伯父长寿呢？"说罢又大哭。群臣急劝顺治回宫。顺治出房门，又坐在王府院内大哭，许久不忍离去。几天后，济尔哈朗病逝，葬于北京西直门外白石桥。顺治对济尔哈朗的死悲痛不已，特诏令休朝七天，这在清朝历史上绝无仅有；另赠祭葬银万两，置守陵园十户，并立碑纪功。

济尔哈朗死后，其子承袭爵位，不过郑亲王被改成了简亲王。直到 1778 年，乾隆皇帝追念济尔哈朗的功勋，命将"简亲王"封号恢复为"郑亲王"，世袭罔替。

从表面上看，郑亲王家所得到的恩遇应该很值得庆幸了，而济尔哈朗对努尔哈赤家的忠诚正是奠定本家族铁帽子王的第一块基石。然而历史有时往往充满了悖论，表面上的许多现象并不能代表一切真相。实际上，对于自己老祖宗所遭受的磨难，郑亲王家的后人似乎从来就没有彻底释怀。如若不信，就请听听爱新觉罗·毓旗的一番口述："我爷爷过去跟我们讲过，我们本来就不是想入关的，他说我们这一支那时一直就忠于皇上。我以为是指清朝的皇上，他说不是，是大明的皇帝。我原来一直就不明白是什么意思，因为那时候小。到了我上初二、初三的时候，我那时候酷爱中国历史，范文澜的《中国通史》我看了好几遍。我就看到里边有些注释，包括史料，我就去查过，因为我爷爷跟我说过，舒尔哈齐是被他哥哥杀掉，被努尔哈赤杀掉，我一看，杀掉是因为什么原因，重要的原因是当时他是建州左卫，努尔哈赤是建州右卫，确实他跟明朝关系不一般。而且他利用明朝的势力，等于兄弟之间争权，争夺当时在东北亚的那块地盘。确实有这个原因。后来的济尔哈朗，就是第一代的郑亲王，是舒尔哈齐的第六个儿子。舒尔哈齐被杀了以后，他等于过继给努尔哈赤了。因为他父亲被杀了，他只有死心塌地跟着大伯才行，但内心也是有……”按照这位郑亲王后人的理解，他们家对努尔哈赤的仇恨实际上一代一代地传了好几百年呢，而后来发生的故事就是很好的证明。

肃亲王豪格与皇位失之交臂

在清朝末年，皇族内部人心涣散、各谋出路，整个官场几乎瘫痪。在这样的大环境下，坊间传言王公贵族中只有两爷不贪：末代肃亲王善耆与“皇叔”载涛。纵观末代肃亲王善耆一生的所作所为，虽然由于身处风雨飘摇的王朝末期，不管自己如何努力都无法挽回改朝换代的结局，可他绝对配得上“忠”的谥号。不过令人唏嘘的是，说起这肃亲王家的历史，总让人感到某种悲情色彩。实际上打老祖宗豪格那儿起，由于在皇族斗争中沦为了牺牲品，因此他们家族命中注定这顶“铁帽子”不好戴。

想当年，身为皇太极的长子，豪格（1609—1648）原本很有机会登上大清皇帝宝座的，可是阴差阳错，他不但连亲王的帽子都三番五次被摘掉，而且还很悲催地遭到叔叔多尔衮的暗算，含恨而死。虽然后来落了个“武”的谥号，可在后人眼中，怎么看都觉得这位第一代肃亲王实在是太窝囊了。要知道，在满洲铁骑入关打天下的滚滚烟尘中，豪格可是立下了赫赫战功的。作为家中长子，豪格从小就被寄予厚望。他练就了一身过硬的骑射本领，从十多岁起就跨上战马东征西杀，几乎参加了所有关外的对明朝政府的战争。由于战功显赫，豪格在爱新觉罗家族中的地位也不断上升：17 岁封贝勒，24 岁晋封和硕贝勒，28 岁晋封和硕肃亲王。遗憾的是，尽管在外人看来豪格可谓春风得意，前途无量，但实际上作为皇长子的他却活得很累很累，几乎是如临深渊如履薄冰，头上的那顶亲王帽子从来就没有稳当过。

第一代肃亲王豪格

1636年，由于岳母莽古济与皇太极之间爆发了严重的冲突，豪格本人也受到了牵连。需要说明的是，这莽古济并非别人，而是皇太极同父异母的姐姐、也就是豪格的姑姑，而豪格所娶的正是自己的表妹、莽古济的二女儿。据说莽古济性格倔强而暴躁，与弟弟皇太极一向不和。1635年，为了笼络刚刚归顺的蒙古察哈尔部已故首领林丹汗的余部，皇太极命令儿子豪格娶林丹汗的伯奇福晋为妻。结果莽古济竟当场大闹婚宴，指责皇太极不该安排这桩婚姻，双方不欢而散。事后皇太极立即开会给莽古济定罪，不但革去其公主名号，贬为庶民，没收其部属和赐予的土地，还规定今后所有亲戚都不许与莽古济往来，否则严惩不贷。

对于豪格而言，一边是自己的父皇，一边则是自己的姑姑及岳母，这种夹板气对于任何男人都是很尴尬的。更令他没想到的是，不久又有人举报莽古济曾与其兄弟莽古尔泰、德格类等人图谋不轨。关键时刻，父子之情占据了上风。为了表明自己的立场，他先是公开宣称："我是皇上的儿子，妻子的母亲想谋害皇父，我怎么能与谋害皇父的女人同处呢？"接着竟一咬牙一跺脚亲手杀死了表妹妻子。实际上，对于这位自幼青梅竹马的妻子，豪格还是有很深的感情的。鉴于其关键时刻的表现，皇太极对豪格的举动应该是很满意的，不但分给了他大量财产和人马，还晋封他为和硕肃亲王，使其一举跻身于六大和硕亲王之列。然而好景不长，由于对杀妻之举深感内疚，豪格曾在私下里对父皇流露出不满，结果被人告发。1636年，恼怒的皇太极下令将豪格的爵位由亲王降为贝勒，并罚银千两。好在当时满洲政权正逢用人之际，豪格随后又有机会通过广立战功得到父皇的原谅。1639年，因为他率军在对明朝的作战中大获全胜，欣喜的皇太极恢复了其肃亲王的爵位。

1643年9月21日，皇太极暴卒，一下打乱了爱新觉罗家族的平静。所谓国不可一日无主，大清朝的当务之急便是推举新的领导人。然而满洲人与汉人不同，他们没有什么嫡长子按部就班继位的制度，也没有早早指定接班人的传统。结果在皇太极死后，究竟由谁来继承大统，顿时成了困扰整个统治集团的问题，而矛盾的焦点最终聚集在最有资格继承皇位的多尔衮和豪格身上。二人虽为叔侄，豪格却比叔父多尔衮大3岁——这年多尔衮32岁，豪格35岁，二人在综合能力方面也基本相当。多尔衮作为皇太极的亲弟弟，雄才大略、战功显赫，并且得到了武英郡王阿济格、豫亲王多铎等人的支持，这一派手中掌握着正白、镶白两旗。当然豪格也不示弱，作为皇太极的长子，按理说他是皇位的当然继承者，并且得到了礼亲王代善、郑亲王济尔哈朗以及内大臣索尼等人的支持，手中则拥有正蓝、正黄、镶黄三旗，就连礼亲王代善掌控的正红、镶红两旗也一度表态支持他。也就是说，在争夺皇位最白热化的时候，豪格曾经占据相当优势。不过正如我们今天常说的，"性格决定命运"，这一点实在是太重要了。原本拥有大好形势的豪格却在关键时刻掉了链子，罪魁祸首正是他柔弱的性格。

据记载，9月27日那天，王公大臣们聚集在崇政殿商议登位大事。

会议一开始，大臣索尼、鳌拜便提出由皇子继位，而德高望重的礼亲王代善则顺势提出，豪格作为先帝的长子，理应继承大统。随即，大多数与会者表示支持。谁知就在这关键时刻，作为当事人的豪格竟犯下了大错。按理说，既然有这么高的支持率，自己也确实想争这个皇位，那他就应该顺水推舟，当场来一番慷慨激昂的表态，然后顺顺当当地登上宝座。然而令人大跌眼镜的是，性格软弱的豪格不但没有这么做，反而假装谦虚地推辞说自己“德小福薄，难以承担”。结果正是这句表面上不起眼的客气话，却最终断送了他的帝王梦。看到豪格这么一说，本来占据下风的多尔衮一派立即抓住话头进行反击。在现场一片混乱之中，多尔衮提出一项折衷方案：既然肃亲王豪格谦让，那就立先帝六岁的幼子福临，考虑到目前他还年幼，由自己与济尔哈朗左右辅政，待其年长后当即归政。由于这项方案照顾到了各派的利益，因此最终化解了一场政治危机。只不过在这次博弈中，豪格成为了最大的输家。可这一切又能怪谁呢？上天可是给了他机会的，然而当胜利的天平已经向他明显倾斜时，他却向后退缩了一步，以致功亏一篑。而从长远来看，豪格这次糊里糊涂错失皇位还为他日后的悲剧埋下了祸根。

1644 年 4 月，豪格的一名亲信出面检举他散布对多尔衮不利的流言。结果多尔衮乘机对豪格进行严厉打击，处死了他的多名心腹，豪格本人也差点被杀，只是由于幼帝福临念及这位长兄的骨肉之情，终日啼哭不食，才使其免于一死，最终豪格被没收七牛录人员，罚银五千两，废为庶人。半年后，由于大清迁都北京，豪格才在举国欢庆中恢复肃亲王的爵位。1646 年 3 月，豪格再度得到起用。他被任命为靖远大将军，统率大军进入四川进攻张献忠的军队，结果大获全胜，彻底荡平了大西政权。1648 年 2 月，圆满完成任务的豪格率军凯旋，受到了顺治皇帝的热情接待。

不料豪格回京仅仅一个月后，就有人举报他与郑亲王济尔哈朗勾结，结果后者被降为郡王，而豪格本人则被摄政王多尔衮下令收押入监，削去爵位，没收所属人员。遭此突如其来的打击，郁闷愤慨的豪格在狱中猝然去世，时年仅 39 岁。关于他的死因，还有一些野史认为是被多尔衮谋杀的：

话说当年豪格凯旋回京时，摄政王多尔衮于永定门外迎接，当豪格前往帐中拜谒时，不料后者竟事先埋伏好刀斧手将其乱刀砍杀。不管真相如何，豪格死后，虽然他的子女没有受到牵连，但心爱的福晋却居然被叔叔多尔衮霸占了。据说还在豪格被关押期间，他就听闻自己的福晋被多尔衮召到摄政王府日夜留住，因此他才羞愤交加，活活被气死在狱中。直到两年之后，亲政的顺治才为长兄平反昭雪，下令恢复其和硕肃亲王的爵位，1656年又追加谥号为“武”，豪格也因此成为清代满洲贵族中第一位按照汉族惯例被赐予谥号的王爷。由于功勋卓著，肃亲王后来又得到“世袭罔替”的特殊待遇，成为开国八大“铁帽子王”之一。

尽管豪格一生命运多舛，亲王的帽子也三番五次被摘掉，不过在他身后，子孙们的日子还算安稳。直到清朝覆亡，“铁帽子王”的爵位总共顺顺当当传了十代。然而到末代肃亲王善耆时，似乎家族的各种基因再度活跃起来，最终再度催生了一位留下一声叹息的悲情王爷。

睿亲王多尔衮和
豫亲王多铎兄弟透支了后代的幸福

在清朝初年的王爷中，睿亲王多尔衮这个名字简直是如雷贯耳。无论是为大清朝所建立的功勋，还是自己所获得的权势和荣耀，他都是最显赫的。然而就像如今所流行的那句话：神马都是浮云。尽管多尔衮在当年的皇族斗争中成为最终的胜利者，但他死后没多久就遭到了政治清算，结果其家族从此一蹶不振。虽然后来朝廷又开恩恢复了多尔衮的名誉，但他的后代却再也无法重现昔日的辉煌了。

多尔衮（1612—1650）是清太祖努尔哈赤第十四子，皇太极之弟。由于其生母阿巴亥颇具政治头脑，他在爱新觉罗皇族中的地位也迅速上升。1626年，多尔衮晋封贝勒，并且与同胞兄弟多铎被合立为一个和硕额真，同掌一旗。在努尔哈赤病逝后，皇太极继承汗位。而作为皇族政治斗争的牺牲品，多尔衮的生母阿巴亥被迫为努尔哈赤殉葬。作为交换条件，皇太极答应善待多尔衮兄弟。就在这样一种复杂的背景下，多尔衮逐渐崭露头角。在皇太极当政期间，他一直备受器重，常年率军在外征战，立下了赫赫战功。1636年，年仅25岁的多尔衮便被封为和硕睿亲王。

1643年秋，皇太极病逝。羽翼丰满的多尔衮再度卷入皇位之争。在与皇太极长子豪格一派的较量中，多尔衮及其拥护者毫不相让。眼看刚建立

第一代睿亲王多尔衮

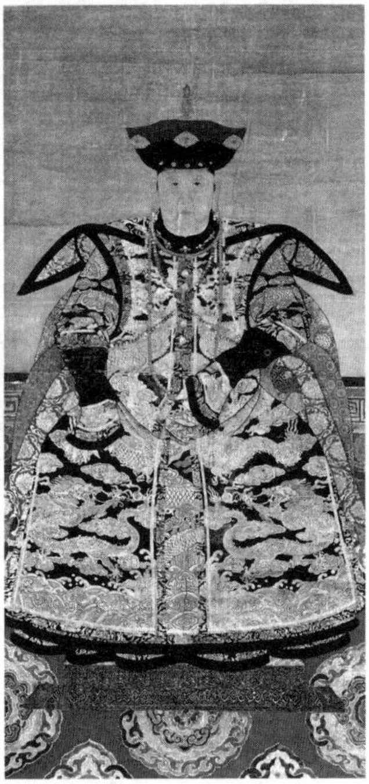

多尔衮福晋

不久的大清王朝就要面临一场生死内斗，在代善等人的协调下，最终双方达成妥协：由皇太极第九子福临入承大统，而多尔衮和郑亲王济尔哈朗则左右辅政，共管八旗事务，成为当时的实际掌权者。豪格在战场上虽然骁勇，但在政治上软弱且缺乏才干，于是自行退出。就这样，多尔衮成为大清朝的摄政王，并牢牢控制朝政一直到死。

在后人的印象中，关于多尔衮的野史乃至绯闻流传很多，对于他本人的评价也是众说纷纭。不过总的看来，这位王爷对大清的江山社稷确实做出了巨大贡献。正是在多尔衮摄政期间，清军开始大举入关，征服中原。多尔衮不仅骁勇善战，而且谋略过人，他能善用降将与谋臣，善于把握战争全局，集中优势兵力，打击对方薄弱环节，最终取得战争的胜利，为清王朝近三百年的统治奠定了基础。1644 年，多尔衮率十万大军在山海关

顺治皇帝

孝庄太后

击溃李自成部队，同年十月受封“叔父摄政王”。1645年，清军大举南下，最终灭掉南明政权，平定江南；次年又先后攻取川、闽、浙、湖广等地。在此过程中，多尔衮的权势也急剧膨胀。1647年，他剥夺郑亲王济尔哈朗的摄政王资格，从而一人独掌八旗中的正白、镶白、正蓝三旗，头衔也升为“皇父摄政王”。在鼎盛时期，他甚至借口腰腿不便，宣称今后不再对顺治皇帝行跪拜大礼，并将小南城的摄政王府变成了第二朝廷。

然而正所谓物极必反，多尔衮无论如何也不会想到，自己眼前的一切荣耀将如同浮云般消散。1650年底，多尔衮在承德狩猎时意外坠马，结果很快就重伤而死。他死后，顺治皇帝追封其为“懋德修道广业定功安民立政诚敬义皇帝”，庙号“成宗”。由于多尔衮无子，朝廷又下令以豫亲王的儿子多尔博入嗣，承袭睿亲王的爵位，其俸禄竟是其他诸王的三倍。但是随着顺治亲政后，一场针对多尔衮的清算运动突然开始了。由老资格的郑亲王济尔哈朗牵头，王公大臣纷纷上奏弹劾多尔衮，追论他生前犯有谋逆罪。指责其独断专行、妄自尊大，自称“皇父摄政王”，并阴谋致死肃亲王豪格，纳其妃、收其财。最终顺治皇帝下诏，剥夺多尔衮封号，并掘其墓，鞭其尸。当时在北京的意大利传教士卫匡国在《鞑靼战纪》中记载说：“顺治帝福临命令毁掉阿玛王（多尔衮）华丽的陵墓，他们把尸体挖出来，用棍子打，又用鞭子抽，最后砍掉脑袋，暴尸示众，他的雄伟壮丽的陵墓化为尘土。”据后人回忆说：“九王爷身后被论罪，其中的金银元宝都被掘去，据说坟地遭过九索（挖抄九次）。坛子是骨灰罐，是一个虚惊位（象征性的尸棺）。”另外，多尔衮的党羽皆被凌迟处死。虽然多尔衮躲过了一场劫难，但他的家族却一下跌入深渊。直到1778年，乾隆皇帝才顶着压力为多尔衮平反，下诏恢复他们家睿亲王的封号，爵位世袭罔替。只可惜经过一百余年的沉寂，睿亲王无论如何也不能重现昔日的辉煌了。与其他铁帽子王相比，他们家的权势与威望实际上都逊色不少，只是由于祖先的功劳而在宗室内拥有较高的地位。

在武侠小说《七剑下天山》中，有一位名叫多铎的反派角色，最终被替父报仇的侠女易兰珠刺死，而其原型便是清朝初年的铁帽子王——豫亲王多铎。那么历史上的多铎究竟是怎样的人物呢？他的后代们的命运又如何？

多铎（1614—1649），努尔哈赤第十五子，生母为努尔哈赤大妃阿巴亥，与阿济格、多尔衮为同母兄弟，时人通称十王。作为清太祖努尔哈赤最年幼的嫡子，多铎从小就拥有显赫的地位，年纪轻轻就成为满洲地位最高的贝勒之一。因为按照当时满洲人的习俗，未分家的嫡出幺子称为守灶儿子，有权继承父亲所有遗产。然而在努尔哈赤死后，阿巴亥被迫殉葬，年幼的多铎从此成为孤儿。尽管有皇太极的精心照顾，但他的心理从此留下了阴影，导致其性格乖张，生性残暴。1636年，多铎因功受封豫亲王，掌管礼部。尽管在清朝初期立下了许多战功，但他也因行为不检而屡屡受

第一代豫亲王多铎

到处罚。1639 年 5 月，皇太极召诸王大臣历数多铎之罪，降亲王为贝勒，罚银万两，夺所属牛录三分之一给其兄多尔衮，并不准许他参与议政，也不让他插手管理六部事务。1644 年，由于在松锦大战中俘虏洪承畴，多铎晋封豫郡王，不久又恢复原来的亲王爵位。1645 年，被任命为定国将军的多铎统领清军南征，一路势如破竹，在攻陷河南、安徽等地后兵临扬州城下。由于史可法守卫的扬州城拼死抵抗，恼羞成怒的多铎在胜利后下令屠城。一时间，扬州这一江南名城、昔日繁华的商业都会顿成人间地狱，无辜的扬州百姓尽遭野蛮屠杀，这就是著名的“扬州十日”大屠杀。不过在之后，接受了教训的多铎又在江南各地实行了一系列收买人心、缓和矛盾的政策，最终率清军平定东南。为表彰其功勋，当多铎班师回朝时，顺治皇帝亲自到南苑迎接，并在两年后加封他为辅政叔德豫亲王。不幸的是，1649 年 3 月，多铎突患天花不治而亡，年仅 36 岁。虽然当时朝廷为其举

第二代豫亲王多尼

行隆重的葬礼，但三年后多尔衮被追查时，多铎也遭到了牵连，其封爵被降为郡王。直到 1778 年，乾隆皇帝对多尔衮一案进行平反时，多铎的亲王爵位及封号才再次被恢复。

特别值得一提的是，对于今天生活在北京的人们而言，多铎死后的埋葬地点有一些不同的说法。据记载，多铎的墓地位于北京城的东郊苗家地，即现在的朝阳区建国门外大北窑。按现在的地理位置应该是北到关东店，东边紧邻东三环马路，南边紧邻建外大街北侧，西侧就是现在的光华里。而真正埋葬豫亲王多铎墓地的准确地点，就是后来的光华东里，即现在的国贸中心。直到现在，当地的人们还把这一带称作“豫王坟”。

在“豫王坟”地区，还葬着第二代豫亲王多尼。多尼是多铎的次子，1649 年 10 月袭亲王封号。后来由于伯父多尔衮获罪而受到牵连，被降为郡王头衔。比起第一代豫亲王来，多尼的命运更加不幸。1660年五月，在外征战了两年的多尼班师回京，不料非但未受嘉奖，反而被追论罪罚银五千两。遭此打击，多尼于1661年正月病逝，年仅26岁。由此看来，在清朝初年的皇族内部权力斗争中，任何人都不可能置身事外，总是有意无意间被卷入政治漩涡。

第三章

八大铁帽子王逐渐出局了

第二代庄亲王无奈让出了铁帽子

追溯清朝初期八大铁帽子王的谱系，不难看出，当朝廷在确定八家铁帽子王的资质时，为了保证太宗（皇太极）一脉下必须占据两席，特地在肃亲王豪格之外又将庄亲王硕塞列入。不过令硕塞的族人耿耿于怀的是，实际上后来继承了这顶铁帽子的并非他们“自己人”。因为在当年激烈的皇族斗争中，由康熙和雍正两位皇帝亲自导演了一出戏：将康熙的亲生儿子硬生生过继给第二代庄亲王博果铎，从而在事实上削弱了铁帽子王集团的势力。而总的看来，无论是功绩声望还是影响力，庄亲王一家都要比其他七家铁帽子王逊色，其地位也一直比较尴尬。到王朝末年时，他们的命运更是经历了过山车式的剧变。

庄亲王家的第一代始祖名叫爱新觉罗·硕塞（1628—1654），号霓庵。他是皇太极第五子，其生母是皇太极的侧妃叶赫那拉氏，因此在当时皇族中地位也不是很高。直到 1644 年顺治即位并定都北京后，作为皇兄的硕塞才被封多罗承泽郡王。也就是在这一年，硕塞奉命随多铎出征，攻打李自成的起义军，后又随军四处征战，最终因战功卓著而被摄政的多尔衮晋升为亲王。1650 年，由于受豪格事件的牵连，他一度被降为郡王，顺治亲政后才又晋升为承泽亲王，并被任命为议政王。随后几年，得到重用的硕塞参与管理兵部事务，并掌管宗人府事务。1653 年底，西藏宗教首领五世达赖喇嘛阿旺罗桑喜措应顺治皇帝的邀请来京晋见，硕塞奉命率八旗

第二代庄亲王博果铎

兵五千前往内蒙古代噶（今凉城县）迎接。在代噶，硕塞不但会见了西藏活佛，而且还与前来朝见活佛的喀尔喀蒙古的使者及漠南蒙古的上层贵族会盟。随后他陪同达赖抵京。在北京，硕塞同顺治皇帝、郑亲王济尔哈朗等人一道，盛情款待了来自西藏的客人。除了在政治上的作为之外，硕塞还是清初王公贵族中为数不多的艺术家，堪称八大铁帽子王中唯一的文武全才。他能诗善画，尤其擅长山水画。清人李放在《八旗画录》中评价硕塞的画“秀润天成，无尘世气”。他的画作《奇峰飞瀑图》曾得到过著名画家高士奇和宋小濂等人的高度评价。

可惜天妒英才，1655 年 1 月，承泽亲王硕塞只活了 27 岁便去世了。

康熙皇帝

他之后，其长子博果铎（1650—1723）袭爵，爵位的封号也改为庄亲王。也许是继承了父亲的文艺细胞，博果铎虽然在政治上并无太大作为，但却对戏剧颇感兴趣，对戏剧事业的发展有一定贡献。然而令其家族遗憾的是，博果铎虽然长寿，活了74岁，但膝下却清一色的格格，居然没有留下一名子嗣。这样一来，庄亲王的爵位继承就面临着重大变故。

据庄亲王的一些后人回忆，当年博果铎病危时，康熙皇帝亲自前去庄王府看望这位堂兄。当他看到老王爷身旁无人照顾时，便说："庄亲王身边怎么能无人侍候？过继十六阿哥为嗣吧！" 十六阿哥指的是康熙的十六子允禄（1695—1767）。另据记载，当年博果铎去世后，实际上他还有四位侄子在世，完全可以继承爵位，但刚刚即位的雍正皇帝却硬是将继承权转给了自己的兄弟允禄。鉴于外界对此事议论纷纷，雍正还曾公开辟谣说："外间妄议朕爱十六阿哥，令其承袭庄亲王爵。朕封诸弟为亲王，何所不可，而必借承袭庄亲王爵而加厚于十六阿哥乎？"以此来表明自己并非存心要对博果铎家族不公。不过从事后看来，允禄过继给庄亲王家，对于他们的族人也未尝不是件好事。因为此人在承袭了庄亲王后，对博果铎一直很关照，其宽厚与仁爱也受到当时舆论的一致称赞。

除了人品好之外，自号爱月居士的允禄还是一位才华出众的亲王。他自幼受康熙皇帝的影响，通晓音律，精通数学，曾参与编订《数理精蕴》，甚至还写过天文学方面的专著。后担任充算法馆总裁、玉牒馆总裁，很有治国之才。由于行事低调，因此在雍正即位后也受到重用，曾总管内务府事务，乾隆即位后甚至成为辅政大臣，领双倍的亲王俸禄。他在掌管乐部期间，凭借自己的专长对宫廷礼乐实施了多种革新，与其他大臣一起依据《周礼》制造出博钟、特磬各十二口，用来朝廷大典时演奏。因为热爱戏剧，他还编成一部对古代南北戏曲音乐研究具有重要价值的戏曲曲谱——《九宫大成南北词宫谱》，全书取材多选自唐宋歌舞大曲、宋代南戏、金元说唱，共有 82 卷，4466 曲。他还主持把流传甚广的历史故事改编成四部皇家风格的历史大戏，分别是《劝善金科》《升平宝筏》《鼎峙春秋》和《忠义璇图》。对于这样一位文艺范儿十足的王爷，戒备心极强的雍正曾评价其"和平谨慎，心地纯良，然遇事少有担当，但必不至于错误。"对于这位老皇叔，乾隆也是尊敬有加，曾在其七十寿辰时专门写诗庆贺。1767 年，73 岁的允禄去世。

第一家恩封的铁帽子王

近些年来，在众多的清宫戏和穿越剧中，除了“四爷”和“八爷”之外，“十三爷”恐怕要算最有观众缘的历史角色了。想当年康熙的皇子们为储君之位争得头破血流之际，老十三坚定地站在了四哥一边，并在后者登基后呕心沥血地贡献自己的才智，最终劳累过度，英年早逝，真可谓鞠躬尽瘁、死而后已了。而为了表彰他的忠诚和功绩，一向被指责为刻薄寡恩的雍正皇帝也拿出了百分百的诚意。最终，老十三不但被封为怡亲王，而且成为大清朝第一个恩封世袭罔替的王爵。因此在清朝十二个铁帽子王中，作为不折不扣的“头号保皇派”，怡亲王家的地位一直是比较特殊的。不过可惜的是，十三爷尽管生前身后都享尽了尊荣，但他的后代却很少能沾老祖宗的光，有好几代亲王都有过命运多舛的经历。所以总的来看，怡亲王这顶铁帽子实在不好戴。结果就是，作为第一家恩封的铁帽子王，他们家到清朝末年时已基本上没有什么地位了。

让我们先穿越到公元 1722 年（康熙六十一年）。这年 11 月，“千古一帝”康熙爷怀着未能再活五百年的遗憾驾崩了。紧接着在社会各界的议论纷纷中，皇四子胤禛登极，是为雍正皇帝。没过几天，新皇帝就迫不及待地宣布：册封老十三胤祥为怡亲王，并命其总理事务。而在这之前，已经 36 岁的胤祥根本没有什么爵位，只是作为闲散皇子混日子。短短几天的工夫，十三爷的命运仿佛来了个一百八十度大转弯儿，恐怕就连他本人一时间都很难回过神来。这还不算，为了表示对十三弟的友情，雍正甚至想起了后者已经去世多年的生母章佳氏，将这位长辈的尊号由“敏妃”越级追封为敬敏皇贵妃，并祔葬景陵。

康熙皇帝

关于雍正此人，后世对他最直观的印象便是城府极深、刻薄寡恩。否则的话，他也不可能在康熙众多皇子的长期角逐中成为最后的胜利者。而掌握政权之后，他对于昔日的政敌也可谓毫不留情，就连他的亲弟弟老十四也不例外。至于一直站在雍正对立面的老八、老九，不但被开除出宗室队伍，甚至被改名为“塞思黑”、“阿其那”，意思就是说猪狗不如！如果考虑到这一点，你就自然会生出疑问，这老十三究竟给了四爷多大的好处，竟能让他一反常态？

第一代怡亲王允祥

俗话说得好，世界上没有无缘无故的爱，也没有无缘无故的恨。一切，都还得这从哥儿俩多年的交情说起。

作为康熙的第十三子，允祥出生于1686年。他的生母章佳氏虽然共为康熙养育了一子二女，但地位并不显赫，并在1699年去世。当时允祥只有14岁，而两个妹妹分别为13岁和9岁。按照皇宫内的惯例，兄妹三人由其他嫔妃代为抚养，而抚养允祥的乌雅氏正是雍正皇帝胤禛的生母德妃。由于性情相投，允祥与比他大八岁的胤禛很快建立起了密切的关系，二人几乎形影不离，不是同胞而胜似同胞。令外人费解的是，胤禛的同胞弟弟老十四不知为什么反而与自己的哥哥势同水火。根据史书记载，允祥在青少年时还是很得康熙宠爱的。从13岁起，他就多次跟随父皇外出巡幸，令诸皇子颇为羡慕。或许是早早失去母亲呵护的缘故，老十三从小就懂得必须加倍努力。他能文能诗，书画俱佳，可谓才华横溢。有一次跟随父皇南巡时，康熙皇帝曾自信地向大臣们展示允祥书写的对联，赢得满堂喝彩。更难得的是，允祥的武功也十分了得，骑马射箭样样精通。据说有一次他随父皇出巡狩猎时，突然有一只猛虎从树林窜出，结果被他从容用刀砍翻。按理说，像允祥这样文武兼备，性格又谦和的皇子，肯定会受到康熙的器重。然而事实却并非如此，随着诸皇子对太子之位的争夺日益激烈，老十三也无可能全身而退。由于他坚定地站在四哥一边，最终成为了牺牲品，以至于非但失去了父皇的宠爱，而且一度遭到圈禁。1698年和1709年，康熙曾两次册封皇子，结果就连比允祥小两岁的老十四胤祯都被册封为贝子，而他却两手空空，只能在尴尬的处境中等待明天。

好在随着康熙爷的驾崩，大清朝终于变天了，允祥终于迎来了人生的重大转机。不管雍正是通过什么手段登上皇帝宝座的，反正老十三对四哥是坚决拥护的。而雍正也没有亏待这位忠心耿耿的小弟。刚刚登基，还没顾得上清除昔日的对手，他就大张旗鼓地对允祥进行封赏。先破格封其为和硕怡亲王、总理事务四大臣之一，又大兴土木为其营建规模恢宏的怡亲王府。而对于皇兄的重用和厚待，允祥也始终怀着一颗感恩的心，为雍正王朝贡献了全部的心血和才智。整整八年间，无论在什么岗位，他都倾尽全力辅佐皇兄。

雍正即位之初，鉴于国库空虚，财政混乱，便将这项最棘手也最核心的任务交给了允祥，命其分管户部。为了替皇兄分忧，允祥顶着巨大压力，对长期积压的钱粮亏空进行了大规模清理，最终查处了一大批高官显贵，累计追回亏空钱粮 2300 多万两，使国家财政很快有了起色。1726 年，允祥受命负责首都周边水利的治理。在治水过程中，他以亲王之尊虚心学习，认真调查，采取各种办法对京郊水系进行了一次彻底的治理，取得了非常好的效果。由于允祥为人坦荡，敢于直言进谏，因此雍正对他的许多意见都予以采纳。例如老十七允礼（即《后宫甄環传》中的那位果亲王）曾一度受到雍正的猜忌而靠边站，是允祥出面极力为他辩白才得到重用的，后来还被晋封为果亲王。甚至《李卫当官》中的那位李卫，原本只是户部的一名中层干部，也是因为得到十三爷的鼎力推荐才脱颖而出，最终成为一品大员直隶总督的。

难得的是，允祥虽然在雍正手下位高权重，但却始终能保持一心为公、清正廉洁的本色。他公私分明，严于律己，生活俭朴，对自己的家人也严格要求。甚至在临终时还交代说，自己死后“只用常服，一切金玉珠宝之属，概不可用”。整整八年间，这位十三爷以实际行动向世人证明了什么是德才兼备的王爷。而在荣誉面前，他也从未躺在功劳簿上吃老本，反而是地位越高越低调。对于皇兄赐予的各种奖赏和殊誉，他从来是能辞就辞，能推就推，实在推不掉的才谨慎接受。1724 年，为了犒赏允祥的忠心和勤政，雍正依照康熙时兄弟分封各赐钱粮 23 万两的成例，也照数赐给允祥。但后者坚拒不受，实在推辞不过，只好收下 13 万两。1725 年，雍正破例加封他的一个儿子为郡王，任其在诸子中指封。允祥也再三辞谢，始终没有接受这份隆恩，最后改为增加俸银一万两。1726 年，雍正亲笔题写“忠敬诚直勤慎廉明”八个大字，命人制成匾额赐给允祥，还赞誉他“公而忘私，视国如家”。最有趣的一个故事说：允祥曾奉旨到河北易县为雍正皇帝勘选陵址。雍正帝对选定的“上吉之壤”非常满意，认为允祥立有首功，就把万年吉地附近的一块“中吉”之地赐给他。然而允祥听后却惶恐不已，坚决不敢接受皇帝的隆恩。紧接着，他赶紧派人前往涞水县境内为自己选定了一块墓地，认为这才与臣子的身份相配，并再三奏请皇帝赐给自己。

雍正皇帝像

果亲王允礼绘

雍正朝服像

得到允许后，允祥万分高兴，当即派人去墓地取一些样土回来，并当场取了一小块吞了下去。

1730年5月，为雍正王朝操劳了八年的怡亲王倒下了，时年仅45岁。惊闻十三弟病逝的噩耗后，雍正悲痛欲绝，他不但亲自出席丧礼，并辍朝三日表示哀悼。他在为允祥写的悼词中有这样一番话：“怡亲王薨逝，中心悲恸，饮食无味，寝卧不安。王事朕八年如一日，自古无此公忠体国之贤王，朕待王亦宜在常例之外。今朕素服一月，诸臣常服，宴会俱不必行。”为了表彰这位贤王，雍正下令封谥号“贤”，并将御书“忠敬诚直勤慎廉明”八字加于谥上，配享太庙，改其居所为贤良寺，甚至下旨将允祥的“允”字改回“胤”字，以示最大的褒奖。因为康熙皇帝诸子的名字中都有一个“胤”字，但雍正皇帝即位后，为了避讳，其他皇子的“胤”字都改为了“允”字，现在将怡亲王的名字改回，这种待遇实属空前绝后，而这也是

怡亲王允祥

乾隆皇帝

有清一代臣子不避皇帝讳的唯一事例。允祥死后，由其第七子弘晓袭怡亲王爵。原来他拒辞不受的另一郡王爵，则封其第四子弘皎为宁郡王。到乾隆时，为了追念十三皇叔的功绩，又特下诏："怡贤亲王公忠体国，其爵位亦应世袭罔替。"就这样，怡亲王便成为大清朝第一家恩封的铁帽子王。

虽然十三爷在世时一心一意力保四哥的江山，但他无论如何也不会想到，到自己的下一代那里，子辈们居然来了个大变脸，深深地卷入了一场皇族斗争中。

那是在1739年，皇族内部居然发生了一桩图谋行刺乾隆皇帝的惊天大案，而事件的主谋，正是康熙朝废太子胤礽的儿子弘晳，另外参与的还有庄亲王允禄以及恒亲王允祺的长子弘升，怡亲王允祥的长子弘昌、四子弘晈，允禄次子弘普等人。

想当年，乾隆的父亲雍正经历了血雨腥风的诸皇子之争才成为最终的胜利者。或许是有感于父辈们在这场皇族争斗中的惨烈，乾隆上台后一反雍正的冷酷政策，极力推行“亲亲睦族”的温情路线。他不但对昔日父亲的政敌既往不咎，而且对所有活着的皇族也都予以善待。然而即便这样，却依然无法彻底杜绝皇族内的阴谋。

1739年10月初，宗人府报告称，庄亲王允禄与其子辈弘晳、弘升、弘昌、弘晈等人“结党营私，往来诡秘”，议请分别予以惩处。不过宽宏大量的乾隆却表示：“朕看王乃一庸碌之辈，若谓其胸有他念，此时尚无可料其必无。”最终他作出决定，允禄免革亲王，但革去亲王双俸及议政大臣等职；弘晳革去亲王，仍准于郑家庄居住，不许出城；弘升“永远圈禁”；贝勒弘昌、贝子弘普、公宁和革爵，宁郡王弘晈仍留王号。当然，乾隆所以对弘晳案予以宽大处理，根本原因还是皇权已极度集中与强大，他能够牢牢控制所有臣工。弘晳等人纵有不满与抵触情绪，也无从动摇他的绝对统治。所以乾隆就没有像雍正那样，对反对派进行严厉打击与惩处。可以说，弘晳案是康熙朝晚期储位之争的余波，而它的迅速了结，也为康、雍、乾绵延数十年的储位之争画上了句号。

恭亲王奕訢终于迎来了出头之日

从乾隆到道光年间，爱新觉罗皇族内部的争斗基本上没有掀起什么大的波澜。由于核心权力基本掌握在康熙直系子孙手中，因此清朝初年的八大铁帽子王基本上只能安心扮演臣子的角色。而到了道光末年，也就是清朝晚期以后，随着王朝内外危机的加剧，皇族内的争斗再度一浪高过一浪。

在号称“三千年未有之大变局”的晚清政坛，有一位皇室贵族曾经一度权力显赫，一人之下万人之上，甚至曾无限接近大清皇位。他就是第二位恩封铁帽子王——恭亲王奕訢。

第一代恭亲王奕訢（1833—1898）为道光皇帝第六子，咸丰皇帝异母弟，静贵妃（后谥孝静成皇后）所生。据后来的正史记载，少年时的奕訢颇具英武之气，曾经与四兄奕詝共同习武，并创枪法二十八式、刀法十八式，龙颜大悦的道光皇帝亲自将枪法与刀法分别命名为“棣华协力”和“宝锷宣威”，同时单独赐给奕訢一把金桃皮鞘白虹刀。这位皇子不仅习武善射，而且文采飞扬，留下了许多不俗的诗文，这样的文武全才在诸皇子中堪称佼佼者。然而吊诡的是，时运不济的奕訢却在皇位竞争中输给了资质平平的四哥奕詝。

奕訢与奕詝的皇位之争历来是史学家们关注的焦点。奕詝生母孝全皇后钮祜禄氏美貌聪慧，极受道光帝宠爱。作为当时实际的嫡长子，奕詝在皇位继承问题上似乎胜算更大。1840 年 2 月 13 日，孝全皇后突然驾崩于

道光皇帝

第一代恭亲王奕訢

钟粹宫，年仅 32 岁。关于孝全皇后暴卒的原因，后世演绎出了多种说法。其中之一便与奕訢有关。据说当年为了使自己的儿子齿序占得先机，孝全皇后（时为全贵妃）不惜服下催产药物，使得早产的奕詝一生体弱多病，后来还因坠马成了瘸子，文采武功更是一般。静贵妃所生的六皇子奕訢相貌堂堂、文武双全，道光帝心中的天平一度更倾向于他，有意立其为嗣。为了保住儿子的储君之位，孝全皇后欲借留奕訢在自己宫中用膳之机毒死他。临近开宴之时，皇后偷偷告诉奕詝不要吃桌上的鱼，奕詝因不明原因而不肯听从，无奈孝全皇后只得据实相告。偏偏奕詝与奕訢兄弟情深，席间屡屡阻止奕訢夹鱼吃，几次三番下来，奕訢终于没有吃那有毒的鱼。所谓“要想人不知，除非己莫为”，事情传到了孝和皇太后那里，虽有道光帝的百般不舍，但为了保全儿子，孝全皇后最终选择了自尽。或许是为了

咸丰生母孝全成皇后

咸丰生母孝全成皇后

道光皇帝及两位皇子

咸丰皇帝

西方人笔下的咸丰皇帝

表白自己对孝全的情深意切，道光皇帝将皇位传给了奕詝，但同时又在传位诏书中封奕訢为亲王——这种“一匣两谕”的做法亦成为大清历史上绝无仅有的“创举”。

然而，道光皇帝苦心安排的结果却是适得其反，奕訢由此陷入了新皇帝的猜忌之中。咸丰即位后，虽然很快就谨遵父命封奕訢为恭亲王，并让其担任一系列显赫的职务。然而没过几年，由于为其母争封号，奕訢便被免去几乎所有职务，此后更是一直被排挤在权力核心之外。

1860年9月21日，八里桥沐浴在一片腥风血雨之中——僧格林沁大帅的铁骑在与英法联军的对决中全军覆没，湮灭了清王朝的最后一丝希望。次日，咸丰皇帝带领一干随从离开圆明园，仓皇前往热河避暑山庄“狩猎”。临走前，他似乎终于想起了奕訢，遂将与洋人议和的事务全权委托给了自己的这位弟弟，算是留给这个帝国唯一的交代。年仅27岁的恭亲王就这样被强推上了外交舞台。对于西方列强而言，这张略显忧郁的年轻面孔显然是陌生的，神秘而不可捉摸。确实，与早些年已多次同洋人打过交道的两广总督比起来，恭亲王的确算是个新人。由于一直身居京城，他甚至从未见过洋人的真面目。不难想象，对年轻的王爷而言，收拾这样一个“烂摊子”将会是多么艰巨的考验。

英军统帅额尔金

为了大清王朝的安危，临危受命的奕訢按捺下心中所有的郁闷，着手议和事宜。历史记载，在与洋人交涉初期，年轻气盛的恭亲王也曾一度表现强硬。由于当时中方已扣留了巴夏礼等人作为“人质”，因此他曾以此作为筹码要求英法停止敌对行动。然而，谈判桌上最终还得靠实力说话，区区几个人质根本阻挡不了侵略者的脚步。10月7日上午，英法联军闯入北京西北郊的圆明园。在经历了一场有组织的劫掠之后，英军指挥官额尔金伯爵悍然下令将这座被法国作家雨果形容为“幻想的原型”“月宫般的仙境”“大理石建造的梦”的中国皇帝的“夏宫”付之一炬，而此时清王朝已经答应接受全部“议和”条件并择日签约！有着

同治皇帝

“现代沙皇”之称的俄罗斯总统普京有句名言：“没有实力的愤怒毫无意义。”年轻的王爷迅速感受到了双方的力量差距，明白了“天朝上国”已然在历史的潮流中趋于边缘，从此对整个局势和西方的认识彻底改观。

在与英法议和及处理善后事宜的过程中，恭亲王奕訢意外地收获了中外舆论的一致好评。即便是原本对清皇室极度反感的额尔金，也在谈判结束后对这位亲王刮目相看。事实证明，这次向洋人屈膝求和反而成了奕訢捞取政治资本的绝佳时机。因为他正是在主持议和的过程中赢得了西方的好感，从而为他以后开展外交活动创造了条件。而在此期间他还不声不响地笼络了户部侍郎文祥、文华殿大学士桂良、总管内务府大臣宝鋆、副都统胜保等重臣，从而在朝中形成了自己的政治集团。此后三十余年间，恭亲王不断给世人带来惊喜。以至于无论是在国内还是在西方，都曾有许多人这样大胆假设：如果当初道光皇帝选择了奕訢，大清帝国的命运是否会有所不同？然而可惜的是，这样的假设永远也没有机会求证了。

英法联军的战火刚刚熄灭没多久，1861 年 7 月 16 日，体弱多病的咸丰皇帝在热河行宫驾崩。咸丰临终前遗命，怡亲王载垣、额驸景寿及辅国公肃顺等八人为“顾命大臣”，全权襄赞一切政务，辅弼幼主——其中并没有刚刚在与洋人的议和中立下汗马功劳的奕訢。幸运的是，由于一个女人的出现，奕訢的政治生命很快就迎来了转机。

这个女人就是新皇帝的生母、咸丰的贵妃慈禧。咸丰皇帝驾崩后，这个权力欲极强的女人与肃顺等权臣之间产生了不可调和的矛盾。于是，两个都想在政治上翻盘的人迅速接近并结成同盟。经过一番密谋，他们成功发动了辛酉政变，一举粉碎了以顾命八大臣为首的势力，两宫太后开始垂帘听政。夺取政权后，慈禧慷慨地回报了这位小叔子，授其为议政王大臣，军机处领班大臣，宗人府宗令和总管内务府大臣以及总理各国事务衙门王大臣等一整套要职。自此，奕訢总揽大清帝国的内政外交事务。虽然当初没有当上皇帝，但这样的显赫权势也足以弥补内心的遗憾了。

执政以后，面对新形势、新问题，奕訢以其独到的见识提出，国家要

晚清外交机构——总理衙门

洋务运动中的成果之一——留美幼童

洋务运动中的成果之一——轮船招商局

发展，首先就得在国际环境中求和平。大清帝国已遵行了两百余年的朝贡体制已经不合时宜了，朝廷的鸵鸟政策显然也已失去了继续的可能。与当时整个清王朝统治集团的颟顸保守相比，这样与时俱进的认识水平实属难得。经过一番筹措后，1861 年 1 月，奕訢联合文祥、桂良等人上《通筹夷务全局酌拟章程六条折》，提议建立专门的外交机构。在奏折中，奕訢以非凡的勇气指出，外国人并非“性同犬羊”，犹可以信义笼络；只要中国信守条约，以善良和开明的态度对待洋人，不给他们抱怨的理由，就能保持和平。几天后，中国第一个官方外交机构——总理衙门诞生了，并很快成为军机处以外的另一中枢政府机构。

此后十多年间，恭亲王奕訢始终秉承自己的外交理念，即对洋人非暴力而合作。事实证明，这条外交路线为大清帝国争取到了宝贵的和平发展空间。特别是在成功平息太平天国运动后，以奕訢为首的改革派（又称洋务派）得以将全部身心投入到自强运动中，从而为后来的“同治中兴”奠定了坚实的基础。在文祥、曾国藩、左宗棠、李鸿章等人的大力协作下，奕訢成功推动了中国的第一次近代化运动，而其政治生涯也日益走向辉煌。无论是在经济、军事、外交还是教育方面，其骄人的成绩都获得了很多赞誉，被公认为舵手并获“贤王”的美誉。后世许多学者都认为，奕訢是晚清封建统治阶级中具有睿见卓识的改革家，在中国近代化道路上堪称先知先觉者。

郑亲王哥俩斗不过一个女人

恭亲王奕訢的怨气正无处发泄呢，一个天赐良机却降临了。原来在咸丰皇帝驾崩之后，由于对意图掌权的叶赫那拉氏不满，以郑亲王端华兄弟为首的顾命八大臣开始主动挑起了新一轮的皇族斗争，而这恰好为恭亲王奕訢提供了翻身的机遇。

想当初，尽管济尔哈朗表面上对努尔哈赤及其子孙忠心耿耿，但在他的内心深处，难道潜意识里就一点怨恨也没有？因为只要情感正常的人，假如自己的亲生父亲和亲兄弟被人杀死，就算这个仇人是自己的亲伯父，就算这个伯父对自己亲如骨肉，又怎么可能彻底释怀呢？或许是打老根儿起就埋下了不和谐种子的缘故，在爱新觉罗家族这两个支系间，后来终于上演了血雨腥风的一幕。

在济尔哈朗之后，郑亲王家也曾涌现出不少名人。例如第八代继承人德沛（1688—1752），是皇室中少见的文化人，号称“儒王”。早年他情愿将镇国公的爵位让给弟弟，然后自己去读书，因此深受雍正、乾隆两代皇帝的器重，历任中央及地方要职，1748 年承袭简亲王爵位。而到清朝晚期，郑亲王家更是出了两位大名人——端华与肃顺，只可惜他们的命运就像老祖宗舒尔哈齐、阿敏等人一样，悲剧重演！

爱新觉罗・端华（1807—1861），镶蓝旗人，大清开国功臣郑亲王济

承德避暑山庄烟波致爽殿

同治即位初期铸造的“祺祥重宝”铜钱

尔哈朗的七世孙，号端友，其父为郑亲王乌尔恭阿。1826 年封三等辅国将军，1846 年袭郑亲王爵，不久诏授总理行营事务大臣及御前大臣。早在道光年间，端华就很受器重，咸丰皇帝继位后继续受到重用，曾任满洲都统等职。1861 年咸丰临终前，端华与怡亲王载垣等人一道被任命为顾命八大臣，权势显赫。而实际上，端华此人才智平庸，他之所以能在仕途上一路顺风，很大程度上是与其异母弟肃顺有密切关系的。

虽然同样是郑亲王乌尔恭阿的亲生儿子，但肃顺在家族中的地位却无法与端华相比，理由很简单——端华是乌尔恭阿侧福晋的儿子，而肃顺只是庶福晋所生。肃顺（1816—1861），字雨亭，家中排行老六。由于出身低微，他只能算是个闲散宗室，后在侍卫处任职，好歹考封了个三等辅国将军。也正是由于这一原因，肃顺从小就格外努力，对满文和汉族文化都有一定造诣，在宗室成员中算是为数不多的人才。当然他的运气也不错，很快得到了咸丰皇帝的青睐。据说早年肃顺曾有这样一段奇遇：有一天咸丰出门游玩，途中想换轿乘马，遂用满语吩咐御前大臣、同样是铁帽子王的克勤郡王说要骑“托拉马”（即红沙马），不料克王居然不懂自己的母语。幸亏此时充当随员的肃顺精通满语，赶紧悄悄告诉克王说皇上要骑红沙马。看到这一幕，咸丰便详细询问了肃顺一番，后者自然对答如流。结果等到了目的地后，肃顺立即被提拔为御前侍卫，后来更是一帆风顺地当上了御前大臣。没几年的工夫，他又先后历任户部尚书、协办大学士等要职，深受咸丰的信任和重用。

皇帝的器重，加上自家兄长端华以及怡亲王载垣的极力推崇，使得肃顺成为当时朝中权势显赫的大臣。又由于他善于建立自己的关系网，因此一度形成了所谓的“肃党”。到咸丰临终时，顾命八大臣实际上的主心骨就是肃顺。因为端华和载垣虽然位居肃顺之上，但才智平庸，生性优柔寡断，遇事常由肃顺做主。

然而可惜的是，也许是在王公贵族中显得太另类了，肃顺在多年的官场生涯中也得罪了太多的敌人。与以往许多满族权臣不同的是，他对汉人

慈禧太后摄于 1903 年

慈禧太后摄于 1903 年

格外器重，以至于曾说出这样的话：“咱们旗人混蛋多，懂得什么……满人糊涂不通，不能为国家出力，惟知要钱耳。”特别是在镇压太平天国的过程中，曾国藩、胡林翼、左宗棠、郭嵩焘等汉族大臣都曾得到他的推崇、提拔和重用。与此同时，肃顺还是一位颇具改革气魄的人物。针对当时的一些社会问题，他极力主张乱世用重典，并亲自查处了好几起大案要案，处理了一系列重量级的人物。先是在 1858 年的“戊午科场案”中，他顶着巨大压力处死了两朝元老柏葰以及浦安、兵部侍郎李鹤龄、新科举人罗鸿祀等人。另外肃顺还大力整顿户部的贪污腐败，惩治了一大批官员，甚至建议削减国家对旗人的福利，从而直接招致了既得利益集团中许多人的忌恨。而所有这一切，都为他后来的命运埋下了伏笔。

1860 年英法联军进攻北京时，肃顺与载垣、端华等一道护送咸丰帝至热河。在随后一年的时间里，他基本上成为流亡政权的主要负责人。1861

年 7 月，咸丰帝临终前，在病榻前遗命立六岁的载淳为皇太子，任命载垣、端华、肃顺等八大臣为“赞襄政务大臣”，在载淳未成年前共同辅政；同时授予皇后钮祜禄氏“御赏”章，皇太子载淳“同道堂”章，作为符信。同时规定，经顾命八大臣草拟的谕旨，必须加盖两印章后，方为有效。咸丰天真地以为，这样一来朝中政局就万无一失了，却不料反而加速了皇室内部的争斗。因为道理很简单，当时掌控朝政的肃顺、载垣、端华等人都出自远支亲王，而咸丰的亲弟兄奕訢、奕譞等人实际上被排斥在核心圈子之外。结果没多久，这些道光皇帝的直系后代便与正寻找机会掌权的慈禧联合起来。最终，两大集团之间展开了一场血雨腥风的殊死较量。

这里面还有一段插曲。据说咸丰皇帝在生病期间曾因对慈禧不满而与肃顺商议对策，行事果决的肃顺当时建议干脆效仿西汉武帝时的“钩弋故事”：汉武帝喜欢钩弋夫人之子弗陵，想立为太子，又担心弗陵幼小，母后专权，为稳定刘氏政权，汉武帝在生前将钩弋夫人赐死，又将其子立为太子，即后来的汉昭帝。试想，如果当时咸丰真听了肃顺的话，说不定大清朝最后五十年的历史就要重写。不过咸丰毕竟不是汉武帝，优柔寡断的他不但没有采纳肃顺的建议,反而在一次酒醉之后把这件事透露给了慈禧。由于这层缘故，大难不死的慈禧对肃顺自然恨之入骨。

八月初，慈禧、奕訢以及奕譞等人经过一番密谋，精心策划好了夺权计划，而多少有些大意的肃顺等人却完全蒙在鼓里。九月二十三日，咸丰帝的梓宫由热河启运回京，由肃顺亲自护送。慈禧则抱着幼帝载淳同端华、载垣等一起，由小道先行，在京迎候梓宫。九月二十九日，皇太后与小皇帝返抵北京，随即便展开了行动，已经控制了北京城的奕訢在宫廷当场逮捕了端华、载垣，而奕譞则同时在护灵途中逮捕了肃顺。据说当这三人在宗人府牢狱中见面时，肃顺曾埋怨端华、载垣道：“当初你们要是早听我的话，何至有今日？”

十月初三，两宫太后召集群臣讨论，最终决定判处怡亲王载垣、郑亲王端华于宗人府自尽，肃顺则斩立决，其他顾命大臣或革职、或发遣。据说端华自尽时，死况甚惨，因为体重超标，上吊用的白帛居然断裂了，导致他摔落地上，又换了一套工具才一命归天。作为附带惩罚，郑亲王府家产被查抄，府园被内务府收回。相比之下，没有王爷身份的肃顺就没有这么幸运了，他连落个全尸的资格都没有。

野史曾传言，当年肃顺曾秘密联络了关外的几名武林高手，准备在慈禧回銮过程中将其杀死，但最终计划流产了。

十月初五，肃顺被押赴菜市口处决。由于他过去得罪的人太多，途中许多围观的旗人一边高呼“肃老六，你也有今天”，一边捡起瓦砾泥土扔向囚车，不一会儿肃顺就“面目模糊不可辨”。据时人记载：肃顺身肥面白，白袍布靴，被绑缚倒置牛车上。即将行刑时，肃顺仍谩骂不止：“想不到，受了小娘们儿的算计。”因为他不肯下跪，还被刽子手用大铁柄敲断了两腿。据说临死前，肃顺还借用唐代诗人杜牧《赤壁》中的“东风不与周郎便，铜雀春深锁二乔”作为绝笔，似乎在埋怨咸丰皇帝不听他的进言，在同治帝继位前即诛慈禧。而随着刽子手一刀砍下，肃顺也成为清朝历史上唯一一位在刑场上被斩首示众的宗室成员。

以上这场惊人心魄的权力争斗，被后世称为“祺祥政变”，或“辛酉政变”。而在这场政变中，郑亲王家无疑是最大的输家。端华死后，他本来的亲王爵位被降为档次很低的不入八分辅国公。对于这次重大的变故，郑亲王家的后人显然有着刻骨铭心的记忆。当追述这段爱新觉罗家族内部的恩怨时，毓旗是这样理解的：“后来肃顺和端华跟他们的矛盾这么厉害。奕訢，就是鬼子六这帮人应该非常清楚，他肯定知道家族事。他就认为肃顺他们这些人要是成功了，很有可能就……当时已经恢复了舒尔哈齐的称号，追封为庄亲王。他就怕你这支翻过来以后把老仇拿出来，我觉得还应该有这个原因。起码我爷爷过去跟我说过。”他的祖父也常常说：1861年辛酉政变以后，我们两家就两清了，没有任何关系。

怡亲王载垣上吊了

俗话说得好，“前人栽树，后人乘凉”。照理说，既然十三爷挣下了如此厚实的基业，那他的子孙后代们就应该是非常幸福的了，无尽的荣华富贵始终在向他们招手。然而世事就是这么无常。也不知是命运在捉弄他们，还是他们在捉弄命运，反正怡亲王家族后来的经历异常坎坷。自老祖宗允祥去世后，怡亲王一共承袭了九次，其中竟有两位王爷死于非命。尤其是第六代怡亲王载垣，由于在当时的高层政治斗争中沦为失败者，结果也使整个家族的命运急转直下。

爱新觉罗·载垣（1816—1861），允祥的五世孙，1825年袭封怡亲王，道光年间曾任御前大臣，权势日渐显赫。咸丰皇帝即位后，载垣进一步得到重用，曾历任左中正、宗令、领侍卫大臣等要职。如果没有什么重大变故，怡亲王家的荣华富贵肯定会一直延续下去。然而一场突如其来的战争却改变了他们的命运。

1856年，第二次鸦片战争爆发，清王朝被迫签订屈辱的《天津条约》。随后，由于在换约问题上争执不下，英法联军便大举进攻北京。1860年8月，在僧格林沁大帅的铁骑遭到惨败后，京师门户洞开。面对危急形势，一些负责谈判的大臣奏请签字议和，但却遭到以载垣为首的一些贵族的反对。而在他们的影响下，原本性情软弱的咸丰也罕见地表现出要与对手“决战”的气魄。令人哭笑不得的是，载垣等人竟想出一个“妙招儿”来——

扣押英国谈判代表巴夏礼等数十人作为人质，以此逼迫英法联军退兵。要知道，即便是在中国古代，也向来有“两国交兵不斩来使”的游戏规则。而按照当时西方人的国家法理念，扣押外交代表当人质简直是野蛮部落才会干的事情。结果载垣等人的馊主意非但没有逼迫洋人退兵，反而更加激怒了对方。9月，在相继攻陷了张家湾、通州、八里桥等据点后，英法联军直逼北京城下。眼看形势不妙，再也想不出锦囊妙计的载垣等人也傻眼了。无奈之下，三十六计走为上计，咸丰皇帝只能携带着皇后、皇子载淳及其生母懿贵妃，由载垣、端华、肃顺等一班心腹大臣陪同仓惶逃往热河“狩猎”。而对于北京的烂摊子，他们则下令由一直靠边站的恭亲王奕訢全权处理。

事后看来，载垣等人的行为实属不负责任，也在很大程度上引发了统治集团内部的分裂。当初，他们不计后果地扣押了英国外交代表巴夏礼一行，结果英法联军攻入北京城后，立即气势汹汹地展开了报复行动，一把火烧掉了号称“万园之园”的圆明园，无数珍宝成为他们的战利品。当洋人的愤怒稍稍平息后，咸丰皇帝的弟弟、恭亲王奕訢被迫粉墨登场，承担起与对方议和的苦差事，最终签订了比《天津条约》更加屈辱的《北京条约》。不过也正是通过处理这场危机，奕訢展现出了令人称道的才干，成为清王朝迅速崛起的一颗政治明星，就连当时的西方人都对其称赞有加。不过在强硬保守派眼里，奕訢与洋人的密切关系却非常刺眼，因此他们私下里给这位王爷起了个“鬼子六”的绰号。

就在恭亲王奕訢等人为了恢复北京城的秩序而四处奔波时，远在热河的逃亡政权却发生了重大变故。1860年10月，当北京议和成功的消息传到热河后，咸丰皇帝似乎并未因此显得格外兴奋。可能是因为感觉自己临阵逃跑太没面子的缘故吧，这位皇帝对返回北京并不急切。加上载垣等人的鼓动，从1860年10月一直到1861年8月病死，咸丰居然在热河躲了将近一年的时间。而正是在热河期间，载垣一干人等成为最大的利益集团。1861年8月，眼看自己的病情日益严重，年纪轻轻的咸丰不得不开始安排后事：首先立皇长子载淳为皇太子；接着任命载垣、端华、肃顺、景寿、穆荫、匡源、杜翰、焦佑瀛等八人为赞襄政务大臣，也就是所谓的顾命大臣；第三是授予皇后钮祜禄氏“御赏”印章，授予皇子载淳“同道堂”印章（由慈禧掌管），顾命大臣拟旨后要盖“御赏”和“同道堂”印章才能生效。安排好这一切后，咸丰皇帝便驾崩了。但是他哪里会想到，自己以为万无一失的上述安排反而给大清朝留下了祸根。

咸丰死后，年仅六岁的皇太子载淳继位，年号祺祥，尊嫡母孝贞皇后为皇太后即母后皇太后，尊生母懿贵妃为孝钦皇太后即圣母皇太后。虽然顾命八大臣表面上掌控了朝政，但实际上危机重重。由于留守北京的奕訢等人被排斥在权力核心之外，因此他们对载垣等人甚为不满。而一心想垂帘听政的慈禧因为遭到八大臣的阻挠，也对这班人怀恨在心。最终，小叔子奕訢与嫂嫂慈禧结成了联合阵线。9 月，奕訢以奔丧为名赶赴热河，利用短暂的会见与慈禧密谋好了对策。11 月，太后与年幼的皇帝回到北京，旋即与奕訢一起成功发动政变，改年号为同治，而顾命八大臣则全军覆没。作为权力斗争的失败者，曾经风光无限的怡亲王载垣竟落得个被勒令自尽的下场。在胜利者的监督下，载垣在自己的王府内用一条白绢悬梁自尽，终年 46 岁。

第四章

爱新觉罗皇族一个女人说了算

一代贤王却总逃不出嫂子的手掌心

到清朝末年，爱新觉罗家族的王爷们突然集体进入了低迷。在外人看来，他们似乎已彻底将祖先的优秀基因丧失殆尽，不但在政治上无所作为，甚至连整个江山都拱手让给一个女人做主，而他们则集体拜伏在后者的石榴裙下混日子。这个女人，便是叶赫那拉氏的慈禧太后。于是在清王朝的最后五十年，爱新觉罗皇族的天下居然由一个女人说了算。且不说早年的八大铁帽子王已基本靠边站了，即便是后来崛起的怡亲王、恭亲王、醇亲王等新派铁帽子王，又何尝能重振祖先的声威呢？

就拿清王朝后期最能干的恭亲王奕訢来说，尽管成功掀起了晚清第一波改革大潮，但是这次“自强”运动并没有使王朝走向质的蜕变。实际上透过表面的辉煌人们依然会发现，就像《西游记》中的孙悟空一样，铁帽子王爷奕訢从来就没有摆脱过头上的“紧箍咒”。正如孙悟空无法逃脱如来佛的手掌心一样，奕訢也无法摆脱另一位“佛”的掌控，那就是慈禧太后“老佛爷”。

奕訢与慈禧，堪称整个晚清最令人瞩目的政治组合。在长达三十八年的时间内，这二人之间时而合作，时而较量。随着奕訢的地位骤升和声望日高，权力欲极强的慈禧太后按捺不住了。1865 年 3 月 31 日，籍籍无名的翰林院编修蔡寿祺居然上奏弹劾奕訢，说他揽权纳贿，徇私骄盈。蔡寿祺不过是一名品级很低的学术圈官员，他居然敢摸老虎屁股，显然不是借

19 世纪 70 年代的恭亲王奕訢

19 世纪 80 年代恭亲王奕訢

慈禧太后摄于 1903 年

慈禧太后摄于 1903 年

酒撒疯，一定是来自高层的授意。果然，一向对恭亲王偏袒有加的慈禧太后突然翻脸，免去奕訢议政王和其他一切职务。而奕訢则开始意识到，如今的大清不需要“周公”，一切权力归“圣母”。据记载，最终恭亲王像个犯错的小孩，来到在太后面前“伏地痛哭、无以自容”，恳求后者的宽宥。鉴于当时的形势还离不开奕訢，慈禧太后见好即收，“慷慨”地允许奕訢重新上岗，不过还是顺便剥夺了其“议政王”的头衔。

经过这次沉重打击后，奕訢终于明白了一个硬道理：权力是太后给的。在此后的政治生涯中，这一教训就像达摩克利斯之剑，数十年如一日悬挂在他的头上。虽然后来心气颇高的恭亲王也曾在局部战场上予以反击，但最终的结果只能是遭到更沉重的打击。1868 年，正是在奕訢的大力支持下，山东巡抚丁宝桢果断杀掉了慈禧太后的亲信太监安德海。此事虽然着实令奕訢出了一口恶气，但不可避免地招致了慈禧太后的忌恨。1872 年，当同治皇帝准备重修圆明园作为对母后的献礼时，又是奕訢纠集一班大臣极力劝谏，从而进一步触怒了慈禧太后。1881 年，随着慈安太后的去世，奕訢失去了在宫中可以制衡慈禧太后的唯一力量。1884 年 4 月，鉴于清军在中法战争中失利，慈禧太后指责军机处负有人事之责，颁布诏书开去奕訢一切差使，家居养疾。这一结果几乎令所有人大跌眼镜。而更令人唏嘘的是，回想起二十年前初次遭慈禧太后打击时，朝中几乎所有大臣都出面为奕訢求情，而这次军机处被连锅端了，朝臣们竟出奇地平静，就那样冷漠地注视着恭亲王萧然的背影。

从此之后，恭亲王长期隐居在北京西郊的寺庙，几乎不问世事。该寺有一棵著名的“卧龙松”，为寺内的“五大名松”之一。奕訢不但把自己比喻为不得志的“卧龙”，还题写了“卧龙松”三字刻在石碑上，立于松下，支撑着古松的主干，至今仍留存原处。而这种消沉得近乎绝望的状态，也直接体现出其真实的心境。整整十年后，随着帝国与日本兵戎相见，国事纷乱之际，慈禧太后在舆论的压力下又重新起用了这位当年以办外交著称的铁帽子王。可惜的是，此时的恭亲王再也不是当年的恭亲王了，正所谓廉颇老矣，尚能饭否？虽然再度回到了总理衙门这个曾经最为熟悉的岗位，但脱离权力核心多年，奕訢显然已无力回天了，反倒是多了几分暮气。昔日的那位“鬼子六”，早已将所有的功名都视作了“浮云”。四年后，正当康、梁等人鼓动光绪皇帝厉行变法之际，满腹忧虑的恭亲王与世长辞，终年66岁，谥号“忠”，配享太庙，入祀贤良祠。

恭亲王死后，国内外惋惜声如潮。美国传教士、外交官何天爵（Chester Holcombe，1844—1912）认为，恭亲王是精通东方外交艺术的老手。他总是将外交对手放在假定的情境中去认真研究，而不是放在具体的问题上。他既高傲又谦和，既粗鲁又文雅，坦率而有节制，有时办事迅速，有时拖拉磨蹭，显得既有心计又脾气暴躁——所有这些特点都根据他的需要，按照角色的变化随时转换使用。他成功的最大秘诀在于他能够事先判断出需要妥协的时机。他不断转换面具并不说明他是个优柔寡断之徒。隐藏在众多面具之后的恭亲王在认真琢磨着对手，判断对方的意图，再决定自己的对策。在最后时刻来临之前，他丝毫没有妥协投降的迹象，显得积极应付，毫不屈服。正当对手集中全力要发动最后一击的时候，会发现恭亲王突然消失了，取而代之的是一个满脸微笑的谦卑的伙伴。作为所谓的“防御外交政策”——中国迄今为止只有这一政策——的领导者，恭亲王显得出类拔萃。帝国中还没有人像恭亲王那样明白帝国可能的未来和帝国自身的弱点。帝国活着的人中还没有人像恭亲王那样富有经验，担当重任……实际上，在他的整个政治生涯中，恭亲王是政府政策制订的主心骨，也是执行这些政策的精明强干的政治家与外交家。后来甚至流行着一种普遍的看法：如果恭亲王不死，可能会挽救国家很多的不幸。

低调的醇亲王奕譞明哲保身

在晚清皇室中，与统治中国近半个世纪的慈禧太后关系最近的非醇亲王家族莫属。早在 1860 年，颇有政治远见的慈禧就一手促成了自己的亲妹妹叶赫那拉·婉贞与同治七弟、醇郡王奕譞的婚事，小叔子成了妹夫，自然是亲上加亲。

奕譞（1840—1891），号朴庵，道光帝旻宁第七子，生母庄顺皇贵妃乌雅氏。1850 年正月，咸丰登基后，十岁的奕譞按例封为“醇郡王”。1859 年 3 月，奕譞被任命为镶黄旗总族长、内廷行走。在整个咸丰年间，这位七爷不显山不露水，似乎默默无闻。

1861 年，年仅 31 岁的咸丰皇帝在热河行宫驾崩，临终前遗命独子载淳继位，怡亲王载垣、额驸景寿及辅国公肃顺等八人为“顾命大臣”，全权赞襄一切政务，辅弼幼主。新帝生母慈禧是个权力欲极强的女人，岂容大权如此旁落？此时，留守京城的恭亲王奕訢心中也颇不是滋味：英法联军兵临城下之际，自己被皇帝兄长一把推到了风口浪尖之上；而今新帝登基，自己尽管在议和中立下了汗马功劳，又是嫡亲的皇叔，却仍不得信任，被排斥在权力核心之外。于是，两个都想在政治上翻盘的人迅速接近并结成同盟。经过一番密谋，他们成功发动了辛酉政变，一举粉碎了以顾命八大臣为首的势力，开启了叔嫂“同治”的历程。

晚年的恭亲王奕訢与醇亲王奕譞

在辛酉政变中，作为慈禧的小叔子兼妹夫，奕譞自然义无反顾地站在了慈禧这一边。当时，伴驾热河的奕譞一边通过自己的福晋为身处宫闱的慈禧传递密信，提出联合恭亲王共同对付八大臣的建议，一边与留守北京的奕訢密切联系，其中间人的作用不容忽视。后来，奕譞还与睿亲王仁寿在密云县半壁店手擒护送咸丰梓宫还京的“顾命八大臣”首辅、协办大学士肃顺，对建立两宫太后垂帘听政的局面立下了大功。而亲手捉拿肃顺，也成为让奕譞一生都深感荣耀的事情。末代皇帝溥仪曾回忆说，当年王府演出“铡美案”，自己的六叔载洵看见陈世美被包龙图铡得鲜血淋漓时，因年幼而吓得坐地大哭，祖父立即声色俱厉地当众喝道：“太不像话！想

年轻的奕譞摄于 19 世纪 60 年代

醇亲王奕譞摄于 19 世纪 80 年代

醇亲王奕譞摄于 19 世纪 80 年代

我二十一岁时就亲手拿肃顺，像你这样，将来还能担当起国家大事吗？”

不过，在六皇兄奕訢长袖善舞、运筹帷幄的耀眼光芒之下，七爷的所作所为显得那么的云淡风轻。当然，慈禧是绝不会忘记提携自己人的，七爷从此官运亨通：1861 年 8 月，出任满洲都统；10 月出任正黄旗领侍卫内大臣、御前大臣、后危大臣、崇文门正监督；12 月受命管理火药局、火器营、神机营事务；1864 年 7 月，赏加亲王衔、阅兵大臣；1865 年 3 月，受东、西两太后之命，为“稽察弘德殿皇帝读书事务”，5 月受命筹办京师防务；1872 年 9 月，晋封醇亲王，时年仅 32 岁。

1875 年 1 月 12 日，同治皇帝驾崩。因同治无嗣，慈禧颁下懿旨：立奕譞与婉贞之子、自己的亲外甥载湉嗣咸丰为新皇帝。作为皇帝生父的醇亲王奕譞一跃成为大清帝国最炙手可热的皇室权贵。出人意料的是，奕譞却惊得“仓猝昏迷”，并迅速向两太后呈上了一份措词极端恳切的《辞职报告》：“……惟有哀恳矜全，许乞骸骨，为天地容一虚糜爵位之人，为宣宗成皇帝留一庸钝无才之子。”力请罢免一切职务，以避嫌隙。慈禧随即颁发“优诏”，对皇帝本生父奕譞赐以“世袭罔替亲王”的待遇，成了大清朝因恩封的四家“铁帽子王”之一。

此后，种种破格的“优待”接踵而至，而奕譞始终是低调处理，毫不张扬：1875 年，奕譞受命照料幼帝读书，特意“密折”上呈慈禧，以预防日后他人提出“推崇本生父母”的“馊主意”，不能不说是用心良苦；1879 年，朝廷赏赐食亲王双份俸禄；1886 年 3 月，慈禧特允奕譞及其福晋乘杏黄色轿，奕譞百般辞谢仍不获准，但终身不曾乘用一次。他还常以“退思”“退省”“修身”“养心”“崇约”“补过”之类的词句约束自己。其孙溥杰先生回忆说，奕譞曾让人模仿周代的“欹器”铸造了一件铜制陈设品，内中可以盛水，但只能注入一半。一旦把水注满，铜器就会因失去平衡而倾倒，以此告诫儿孙“满招损，谦受益”。他还给儿孙留下了一条耐人寻味的家训：“财也大，产也大，后来子孙祸也大，若问此理是若何，子孙钱多胆也大，天样大事都不怕，不丧身家不肯罢；财也小，产

醇亲王奕譞（中）、李鸿章（右）、善庆（左）合影，1886 年摄

也小，后来子孙祸也小，若问此理是若何，子孙钱少胆也小，此微产业知自保，俭使俭用也过了。”正是低调如是，才使他避免了像恭亲王奕訢那样的大起大落，成为日后最令慈禧放心的大清帝国的“管家”。

1884 年，风雨飘摇中的大清政局巨变陡生：慈禧以中法战争失利为由，颁布诏书，指责全体军机大臣“委蛇保荣……爵禄日崇，因循日甚”，著令恭亲王奕訢开去一切差使，家居养疾；宝鋆原品休致；李鸿藻、景廉降二级调用；翁同龢革职留任，退出军机处——所谓恭王帮的全体成员同时下马。与此同时，慈禧太后又宣布了新的军机处人员名单：礼亲王世铎、户部尚书额勒和布、阎敬铭、刑部尚书张之万、工部侍郎孙毓汶等，并要求新的领导班子，如遇有紧要事件，须会同醇亲王奕譞商办。这一事件便是晚清历史上著名的“甲申易枢”。

走上领导岗位的奕譞愈加谨小慎微，以致时人评价以“易中枢以驽马，

慈禧太后画像

奕譞与其子合影

醇亲王奕譞与儿子载洵

幼年光绪

光绪皇帝

代芦菔以柴胡”，甚至有“逐恭王出军机，以瞽瞍继任”之恶谥。而奕譞之所以遭此诟病，很大程度上是因其为慈禧大建园囿。奕訢执掌朝政之时，曾屡屡阻止慈禧修复圆明园，而奕譞甫一上台，先是修治西苑三海（即南海、中海、北海），接着又大修西郊清漪园，并取“颐养太和”之意，将清漪园改名颐和园，作为太后归政后颐养天年的地方。此举工程浩大，耗资必然不菲。对于已是日落西山的大清朝而言，这笔钱究竟从何而来？颐和园工程开始于 1886 年，即海军衙门成立的第二年； 1895 年，中日甲午战争爆发，北洋海军全军覆没。次年裁撤海军衙门，颐和园工程随之停止。二者可以说是相始相终。光绪皇帝的老师、大学士翁同龢在日记中写道：“……盖以昆湖易渤海，万寿山换滦阳也。”从此坐实了奕譞为慈禧个人享乐挪用海军经费的“罪名”。京城之中一度还出现了“鬼子六，败家七”

醇亲王奕譞在在天津检阅水师

的民谣。可以说，为了保住自己家族的地位，在慈禧太后面前，堂堂的铁帽子王奕譞始终唯命是从：凡是老佛爷高兴的一定要干好，凡是老佛爷不喜欢的坚决不干。

其实，奕譞虽然性格略显懦弱，但从其在辛酉政变中的种种举动可以看出他还是比较有政治见地的。上台伊始，奕譞就较好地处理了中法战争后的烂摊子，签订了晚清对外战争史上仅有的一次不含割地赔款等内容的条约。1885 年，慈禧太后颁布懿旨，成立总理海军事务衙门，由奕譞总理其事。到 1888 年，北洋水师已拥有大小军舰 25 艘，主力阵容包括德制“定远”“镇远”两艘 7000 多吨的铁甲舰，以及巡洋舰、炮舰、鱼雷艇，具备了近代海军雏形。据说已经超越日本，跻身于世界海军“八强”（仅次于英、美、俄、德、法、西、意七国）。期间，奕譞还曾与直隶总督李鸿章一起巡阅海军，此乃清朝有史以来规模最大的一次海军检阅，一时颇为轰动。不过，一贯低调的奕譞在检阅时仍不忘坚请慈禧身边的红人李莲英一同前往，以避嫌疑。而奕譞对海军的关注更是有目共睹，甚至在病榻之上还念念不忘嘱咐光绪皇帝“勿忘海军”。所谓的挪用海军经费，或者是奕譞以退为进的某种手段吧。

奕訢执掌朝政之时，奕譞处处显得保守落伍，因循守旧。然而恭亲王时的种种洋务举措在奕譞主政时期不但均得以继续，而且有所发展：支持直隶总督李鸿章修建中国第一条铁路，并力促兴修铁路成为一项基本国策；支持湖广总督张之洞创办当时亚洲最大的钢铁联合企业汉阳铁厂；推广电报事业，数年间覆盖了北起黑龙江黑河，南抵海南岛，西至新疆喀什噶尔的广大地区……尤其是新疆、台湾相继建省，大大加强了中央对这里的控制。

1891 年 11 月 21 日，一辈子小心翼翼、如履薄冰的奕譞走到了生命的尽头，时年 51 岁。而其身后事可以说是极尽哀荣：慈禧不仅委派内务府大臣、礼部尚书、工部尚书等办理丧事，还亲自驾临醇府祭奠；光绪皇帝赐谥“贤”（此前，仅雍正朝怡亲王允祥得过此褒奖），又特定其称号为“皇帝本生考醇贤亲王”，光绪为之服丧一年；1892 年 4 月，以亲王礼葬于京郊西山妙高峰园寝，“庙制和祀典准许用皇帝之礼”。

奕譞的陵寝位于京郊西山妙高峰，景色十分宜人，是其生前亲自选定的。据说光绪二十二年（1898 年），内务府有个叫英年的大臣，对风水之学颇为精通。此人为讨好慈禧以加官晋爵，便对慈禧言道，奕譞的墓地上有一棵千年白果树，枝繁叶茂，郁郁葱葱。白果树下葬着王爷，“白”字下面一个“王”字即“皇”字，这于皇室大宗很是不利，因此建议立刻伐倒此树。慈禧立即命人背着光绪帝办理此事，可因为事涉皇帝的先父，内务府一时不敢轻举妄动。事情最后还是让光绪皇帝知道了，他立即颁下严敕：“尔等谁敢伐此树，请先砍我头！”双方相持了月余之后，慈禧趁着光绪上朝之机亲自带人伐了那棵无辜的白果树。待到光绪知晓已是为时

晚年的醇亲王奕譞

晚矣，只剩下“顿足拭泪”的份儿了。对于奕譞而言，慈禧此举可谓绝情之极。但另一方面，在复杂的政局之下，慈禧又不得不倚重醇亲王一脉，继光绪皇帝之后，醇亲王家又出了一位皇帝——宣统皇帝溥仪，并捎带出了清朝第二位摄政王、同时也是末代摄政王——载沣。只不知这么“好”的运气，对于醇亲王一家来说，究竟是幸还是不幸？

庚子年间一批王爷倒霉了

到1900年义和团闹事时，朝中各方势力再度陷入混乱。而对于一些企图趁机表现一把的王爷来说，稍有不慎就会落得个家破人亡。事实果真如此，在那场可怕的灾难中，好多家王爷都沦为了政治斗争的牺牲品，而其中就包括庄亲王和怡亲王两家本已走向没落的铁帽子王。

虽然早期的几位庄亲王基本都平平安安地走完了自己的人生之路，他们的家族也一直享受着尊荣与富贵。但到王朝末年时，最后几代庄亲王却很不平安。与文武全才的祖先们相比，这些末路王爷真是越来越不堪。

先是1838年道光皇帝开始严厉实行禁烟时，第六代庄亲王奕镈（1814—1860）居然顶风作案，与辅国公溥喜偷偷前往东直门外灵官庙吸食鸦片，结果被人举报，道光一怒之下革除了他的爵位。大烟鬼庄亲王的糗事还被一些好事者编成段子在民间广泛流传。到第九代庄亲王奕仁（1824—1874）时，又因为常年生病而被撤掉了所有实职，只保留亲王的待遇不变。值得一提的是，奕仁福晋正是慈安皇太后的姐姐。当年这位福晋当家时，居然以荒歉为借口，借了本家载焘等人上万两银子不还。而由于她的老赖行为，本家们实在穷困不堪，不得已一直闹到恭亲王奕訢那里讨公道。末了还是慈安与慈禧亲自出面才解决了这起纠纷。不过若论对整个家族的负面影响来，与第十代庄亲王载勋相比，上述两位就是小巫见大巫了。

载勋（1853—1901）原本算是庄亲王家族中的佼佼者。他是第九代庄亲王奕仁的次子，最初被封为辅国公，1875年承袭庄亲王爵。在光绪初年，他一直颇受器重，曾经担任右翼近支第四族族长，管理近支婚嫁、左右两翼宗学和雍和宫事务。1900年担任正蓝旗汉军都统，被授予宗人府左宗人，后被派出监督整饬守城事务，又被授予步军统领。然而在随后，载勋没有珍惜来之不易的大好前程，稍不留神犯了回糊涂，结果连自己的性命也搭上了。

那是在1900年义和团闹得正凶时，堂堂的铁帽子王载勋竟以王爷之尊加入义和团，与一干进城的农民兄弟打成一片。事情的原委是这样的：义和团运动兴起后，慈禧太后最终决定利用这股民间势力对抗西方列强。于是出于各自的目的，一批载字辈的皇室贵族便紧密团结在老佛爷周围，与义和团的大师兄们结成了统一战线，其中最主要的成员包括郡王载濂、郡王载漪、大阿哥溥儁、辅国公载澜和庄亲王载勋。哥儿几个好不容易得到了老佛爷的青睐，因此个个摩拳擦掌，准备在这场政治赌博中大捞一笔。其中，与义和团的大师兄们关系最铁的当属庄亲王载勋。

由于对庄亲王载勋旗帜鲜明的立场颇为欣赏，当时掌控朝政的载漪奏请任命其与刚毅为统率京津义和团的团练大臣。也就是说，堂堂的铁帽子王居然摇身一变成了义和团最大的“大师兄”。自从朝廷对洋人宣战后，载勋就每天派人持令旗至京外各州县招团民进京助战。据说仅在北京南部的新城、定兴一带，就有上万名武林高手闻风而来。在庄亲王的号召下，成千上万的团民纷纷涌入北京城，成为大清帝国首都实际上的主人。当然，庄亲王也不是空手套白狼。为了吸引并安抚前来投奔的团民，他从朝廷那里特批了十万两白银和200万石稻米，并在湖广会馆设立发放中心。为了加强组织领导，强化管理，载勋还在自家王府中设立总坛。规定各地义和团到北京后，必须先在庄亲王府挂号编伍（相当于注册）。而载勋自己也像唱戏一样头裹红巾，身着短衣。为了表示对义和团这个神圣组织的忠诚，当有一位义和团首领自称是关羽下凡时，载勋竟然跪着迎接，恭恭敬敬不敢仰视。当时民间一度传言，估计在庄王府注册的团民可达数百万人。

大阿哥溥儁

端郡王（中）载漪等

西方人画笔下的义和团

西方人画笔下的义和团

八国联军焚烧端王府

八国联军侵华期间，日军占领下的庄王府

既然手头拥有这样一支庞大的队伍，庄亲王自然是想干啥就干啥。在被朝廷任命为权力很大的京师步军统领后，载勋就开始悬赏捕杀洋人。他公开贴出告示称：杀一男夷赏银五十两，女夷四十两，稚夷二十两。在他的示范下，许多地方官员也纷纷效仿。一时之间，社会各阶层参加义和团成为时髦。不但端王载漪、刚毅、载澜等王公贵族改穿义和团装束，就连宫中太监、卫士和清军也纷纷加入义和团，甘军统帅董福祥甚至与京师地区义和团首领李来中结为义兄弟。试想，如果当年义和团真的将洋人统统赶到海里，那庄亲王载勋岂不是大清朝的头号功臣？

然而不幸的是，义和团的护体神功终究没能打赢洋人的火枪火炮，而随着慈禧太后的再度变脸，载勋的好日子也迅速到头了。随着八国联军气势汹汹地逼近北京城，慈禧太后被迫携带着光绪皇帝仓皇西逃，担任护送任务的自然还是载勋诸人。庄亲王虽然一拍屁股走了，但他的王府、家人以及众多“小师兄”却遭了殃。八国联军进入北京后，立刻照着黑名单展开了报复行动。8月15日，他们攻入义和团的总部庄王府并大肆烧杀抢掠。据记载，只在庄王府里被杀的义和团团民和其他民众，就达1700余人之多。或许是感到还不解恨，洋人又一把火烧掉了王府，只有后院得以保存下来。

更倒霉的事还在后边呢。在护送慈禧太后西逃途中，载勋最初还被任命为行在查营大臣。但在路过山西蒲州府时，洋人传话过来说，朝廷必须严惩几名罪魁祸首，而载勋的名字赫然在列。最终为了给洋人一个交代，也为了保住自己，慈禧太后不得不先革去载勋的官职，就近在蒲州府派员管束，拟随后交宗人府发往盛京圈禁。但各国对这一处理方案并不满意，慈禧太后不得不于1901年2月13日发布上谕：“已革庄亲王载勋，纵容拳匪，围攻教堂，擅出违约告示，又轻信匪言，枉杀多命，实属愚暴冥顽。着赐令自尽……”当时，载勋已被削爵并被圈禁于蒲州御史行台但仍有侍妾和儿子陪伴，还是享受一定待遇的。21日，当奉诏前来宣读赐自尽谕旨的兵部左侍郎葛宝华到达时，门外放炮迎接。载勋听到炮声，责问“何故无端放炮？”随从告诉他，钦差来了。他马上警觉起来，追问钦差是否为他的事前来蒲州？葛宝华进门登堂，载勋向他询问慈禧在陕西的情况。葛氏唯唯否否，并不坐下，接着就出堂四处逡巡。行台后面有座古庙，葛宝华选中一间空房，作为监督执行的地方。他命令左右在梁间悬帛，然后锁上房门。葛宝华返回大堂后，即传令蒲州府有关官员，派兵前来弹压，一面令载勋跪听宣读圣旨。载勋有所察觉，追问是否要杀头？葛氏没有理他。圣旨读完，载勋感情复杂地说：“自尽耳！我早知必死，恐怕老佛爷亦不能久活。”接着要求和亲人话别。等侍妾和儿子被唤来后，他嘱咐儿子说：“尔必为国尽力，不要将祖宗的江山送洋人！”说完，询问“死所何处？”葛宝华导引他到古庙中那间空房内，他看到梁间已经悬帛，回顾葛氏说：“钦差办事真周到，真爽快！”言毕，主动上吊。据载“不过一刻，即已气绝”。时年48岁。

八国联军蹂躏之后的北京城

八国联军蹂躏之后的北京城

堂堂怡亲王家的铁帽子王竟活活饿死了

再说怡亲王家族。

载垣被赐死后，其爵位也从第一等的亲王降至第八等的不入八分辅国公。为防止他们家东山再起，朝廷又下令不准以其子孙及亲兄弟子侄承袭。就这样，怡亲王这顶铁帽子一度被闲置了三年之久。直到1864年，为了庆祝从太平军手中收复南京，朝廷格外开恩，归还怡亲王家的爵位，并下令由允祥之子宁郡王弘晈的四世孙，也就是载垣的族弟镇国公载敦(1827—1890）承袭。作为新一任怡亲王，载敦的运道还是相当不错的。自从承袭铁帽子王的爵位后，他就一帆风顺，官运亨通。在光绪年间先后出任镶红旗蒙古都统、署理镶红旗汉军都统、管理镶黄旗觉罗事务、查内七仓大臣、查城大臣、专操大臣、阅兵大臣、圆明园八旗印匙等三十多个军政要职。载敦死后第二年，其长子溥静承袭爵位。然而不幸的是，仅过了十年，怡亲王家再度沦为政治风波的失败者。

那是在1900年义和团运动期间，不到半年的时间里，怡亲王家就遇到了三次灾难和一场变故。当时，河北、山东、直隶一带的义和团运动闹出了很大的动静。而在朝廷内部，围绕对义和团的态度，大臣们形成了两派势力：以兵部尚书徐用仪、户部尚书立山、内阁学士联元为代表的一批人坚决主张“剿”；以端王载漪、内阁大学士刚毅为首的王公大臣们则主

庚子事变期间，被义和团围困的中外教会人士。

张“抚”。最终，慈禧太后出于自己的目的选择了支持义和团，并先后斩杀了徐用仪、立山、联元以及太常寺卿袁昶、吏部侍郎许景澄等人。就在这种政治动荡中，怡亲王溥静一不小心站错了队。本来他是一个行事低调的人，对于朝政很少贸然发表议论。但是眼看连老佛爷都明确表态了，耐不住寂寞的他决定跟风，也希望利用这一良机获得太后的器重。于是他不顾弟弟溥耀的苦劝，开始公开表态支持载漪和刚毅等人。遗憾的是这年4

义和团运动被镇压后，八国联军进行了残忍的报复。

义和团运动被镇压后，八国联军进行了残忍的报复。

月，溥耀突发疾病身亡，年仅40岁。据说在临终前，溥耀在将独子毓麒托付给胞兄的同时，又语重心长地嘱咐道：“王爷，请您一定沉住气，务必好好看看局势再说……”但是已经下了赌注的怡亲王哪里听得进去？

1900年5月25日，慈禧太后以光绪皇帝名义向各国使馆下战书，企图借用义和团的力量打击洋人。而在朝廷战书的鼓动下，一批又一批义和团迅速从直隶、山东等地涌入北京。溥静一看此情形，天真地以为自己的机会来了。为了在太后面前积极表现，他以亲王之尊向广大义和团民进行诚挚的慰问，并热情地把露宿街头的“大师兄”“二师兄”们纷纷迎进王府，允许他们在府内设坛祭神，并提供免费的食宿。在此期间，怡亲王家还演绎了一段有趣的故事。说的是，王府为义和团每天提供北方人最爱吃的面条。虽然这些“师兄”们饭量奇大，每个人都要吃几大海碗，但溥静毫不不计较，倒是常常为吃面所需的酱、卤、醋等拌料不够用而烦恼。末了，为鼓舞各位“师兄”的士气，小有聪明的溥静抖了一回机灵。他居然把这种“困难”编成了许多广泛流传的战斗口号，比如：“吃面不搁酱，炮打江民巷！（东交民巷）”“吃面不搁卤，炮打将军府！（外国军队指挥部）”“吃面不搁醋，炮打西什库！（西什库教堂）”等等。

由于这种积极的表现，在那段时期，原本低调的怡亲王溥静也算得上备受万民景仰的风云人物了。然而好景不长，慈禧太后很快就又翻脸不认人了。她不但下令停止进攻使馆和教堂，并派兵予以保护，对于义和团则转而开始镇压。一时之间，曾经受到表扬的主战派陷入了彷徨。而随着八国联军步步紧逼，慈禧太后又将主战的载漪、刚毅、溥静等人当作了替罪羊。7月中旬，八国联军攻占北京，慈禧携光绪仓皇西逃，而溥静等人则被视为“纵容义和团”的罪魁祸首抛弃了。八国联军进北京后，首要报复的目标便是那些曾经支持义和团的贵族和大臣，怡亲王府自然成了他们洗劫的重点目标。据溥静的儿媳佟佳氏回忆，侵略者不但把值钱的东西全都抢走了，而且肆意打砸，连窗棂子都砸坏了不少，王府在事后清理那些破损的瓶、碗、盘、盆、缸、瓮、罐，零零碎碎，大大小小堆起了六七座“小山”；名贵的观赏鱼干死了一地，十多口硕大的鱼缸被砸得半个不剩！

这还不算，列强还开列出一个名单，要求清政府答应立即将以下诸人处死：载漪、载勋、溥静、载濂、载滢、载澜、董福祥、刚毅、赵舒翘、英年。经过讨价还价，庄亲王载勋被赐死，载漪被免去一切职务并被发配到新疆伊犁，刚毅病死在山西，溥静虽然保住了性命，但也被革去了怡亲王爵位，并被关入宗人府圈禁。9月，这位时运不济的铁帽子王在绝望与悔恨中去世，时年52岁。短短四个月的时间，怡亲王府的兄弟俩便相继去世，看来十三爷的后人实在够背的。

值得一提的是，关于怡亲王溥静的死因，后人也有不同的说法。民间曾有一种传言说，当年八国联军进京后俘获了溥静，并令其为士兵盛饭、洗衣服，且不给吃喝，不许睡觉等。堂堂的铁帽子王竟遭此羞辱，于是一气之下上吊了。不过这种说法很快被推翻了，事实上当年被俘获的是留在王府中的载垣之子溥斌。溥静的儿子们则认为，王爷是因为传家之宝遭抢劫而活活气死的。据说溥静生前有两件特别珍爱的宝贝：一是那套十二只精美绝伦的鼻烟壶，系重金委托大栅栏天蕙斋老板特意制作的精美绝品，当时一共仅制作了五套；二是那支唐朝杨玉环曾经使用过的茶杯，据说是西域的贡品。茶杯玲珑剔透，从不同的角度看，它会闪现不同的色泽。尤其令人称奇的是，无论沏入多么滚烫的茶水，既不烫嘴，也不烫手。溥静视同性命，终日把玩，爱不释手。八国联军撤退后，返回王府的溥静发现这两件宝贝都不见了，因此又急又气，躺下就再没起来。而他的儿媳佟佳氏则说："王爷是自己饿死的！"因为当年溥静被宗人府圈禁后，深知大势已去，定罪夺爵不过是早晚之事。为了保住侄儿毓麒将来能承袭爵位，他先是给慈禧太后上奏检讨自己的罪过，极力替曾劝阻自己的弟弟溥耀说好话，然后便绝食而死。

第五章

王朝末日的皇族较量毫无章法

皇族内耗直接断送了大清江山

清朝末年，一位名叫赫德兰的美国传教士曾感慨地写道："对于我们这些外国人来说，皇族的一些问题令人感到莫名其妙，比如复杂的宗谱问题、内部联姻、亲戚间孩子过继问题以及由来已久的部族仇怨问题等等……皇族内部互相猜疑及纷争不断一个由来已久的原因在于：道光皇帝的长支（其中主要以溥伦和恭亲王为代表）担心如今的小皇帝或其父亲摄政王将会追封其祖先，即老醇亲王谥号，使其位跻身于皇帝之列。这种追封我们欧洲人或许觉得无足轻重，但在中国人看来，这无疑是皇室宗族中较弱的一支谋权篡位的行为，因为老醇亲王将会与清朝开国始祖努尔哈赤平起平坐，实际上成为一支新血脉的缔造者。老醇亲王本人对此事早有预料，意识到这肯定会引发矛盾，便预先采取了一些措施，这一点我们以后将会看到。然而，那些善于观察中国高层政策主流动向的人敏感地注意到：自从宣统小皇帝继位以来，老醇亲王的陵墓祭祀规模明显扩大，而在官方文件中，这位已故亲王的名号也已升为'二阶'也就是说，在那些士大夫眼中，他已经与当朝皇帝平起平坐。那些在此事上有发言权的人相信，新皇帝成年后肯定还会再封其祖父，甚至可能尊封为'三阶'。如果那样，老醇亲王将与已故皇帝平级，并在皇室太庙中占有一席之地。按照中国律法观点看，这种行为的后果将极为严重。"

真是当局者迷，旁观者清啊。在大清王朝末年，眼看祖宗的江山已是

道光皇帝嗣曾孙溥伦

清末摄政王载沣

风雨飘摇、岌岌可危，可是爱新觉罗的王公贵族们却还在为了自己的私利而争斗不息，殊不知迎接他们的将是灭顶之灾。

1908年，控制大清朝政近半个世纪的慈禧太后和当了一辈子窝囊皇帝的光绪相继撒手西去。根据慈禧的安排，醇亲王载沣之子溥仪为新任皇帝，光绪皇后隆裕以太后身份掌管朝政，而载沣则作为摄政王配合隆裕。可惜的是，隆裕不是慈禧，载沣也干不了大事。由于这两位大清朝的新当家都没有什么魄力，因此慈禧当朝时还算平静的皇族内部再度热闹起来。

先是第二代铁帽子恭亲王、号称小恭王的溥伟跳出来捣乱。作为道光皇帝的长曾孙、恭亲王奕訢的长孙，溥伟原本一直认为应该由自己继承光绪的皇位，可惜胳膊拧不过大腿，被老佛爷临死前的遗诏堵住了嘴。既然当不成皇帝，那起码也应该在新一届领导班子里有自己的一席之地吧。结

第二代恭亲王溥伟

果，溥伟一看居然没有自己的份儿，不禁怒火中烧，据说他闯入军机处，大骂军机大臣张之洞，说慈禧太后临终前命令他辅助载沣摄政，并要求重写光绪遗诏。明眼人一看便知，溥伟的想法，无非就是要载沣分一半权力给他。在要求遭到拒绝后，溥伟顿足大哭，遍骂各位军机大臣，还闯入内务府闹事。最终好歹由隆裕出面，才总算让溥伟老实下来。

醇亲王载沣监国摄政后，皇族亲贵内部的权力争斗日益激烈，逐渐达到了白热化的程度。眼看当时王朝已陷入四面楚歌，可是爱新觉罗的皇族们却仍在醉心于争夺权力的内讧。以至于亲眼目睹了这一切的汉族官员胡思敬悲情地感叹："国统再绝而家无令子，识者早知其必有乱矣！"

据有关研究者概括，当时皇族亲贵们主要结成以下几党：庆亲王奕劻一党；载沣之弟载洵总持海军，兼办陵工，与毓朗合为一党；载沣之弟载涛统军咨府，侵夺陆军部权，收用良弼为一党；肃亲王善耆好结纳勾通报馆，据民政部，领天下警政一党；溥伦阴结议员为一党；隆裕以母后之尊，宠任太监张德为一党；镇国公载泽是隆裕的姻亲，握财政全权，创设监理财政官盐务处为一党；监国福晋雅有才能，颇通贿赂，联络母族为一党。在这些利益集团当中，最具有影响力的便是四家铁帽子王：肃亲王、庆亲王、恭亲王和醇亲王。

“死忠”王爷的阴阳两面

1912年2月12日，紫禁城内笼罩着一派悲凉的气氛。这天，鉴于辛亥革命后极端不利的局面，大清国当朝皇太后隆裕召集各王公大臣举行御前会议，决定接受内阁总理大臣袁世凯的奏议，以宣统皇帝的名义颁发“退位诏书”。由于当时朝中人心涣散，包括庆亲王奕劻等人在内的许多王公贵族纷纷逃离北京，所以孤儿寡母的这项决定也实属无奈之举。不过即便大清覆亡已成定局，仍有少数亲贵“死忠”到底，而其中态度最激烈的便是末代肃亲王善耆。他不但拒绝在退位诏书上签字，要求与革命党人决一死战，并发誓说“不恢复清室，永世不进北京城”，随后便满怀悲愤地跑到天津。在此后整整十年的时间里，这位末代肃亲王始终不渝地致力于复兴大清的事业，甚至连自己的家产和儿女都搭了进去。虽然他最终抱憾终生，却也在历史上留下了特殊的印记。

爱新觉罗·善耆（1866—1922），字艾堂，自号偶遂亭主人，满洲镶白旗人，大清第十代肃亲王。1899年袭封王爵，历任镶红旗汉军都统、步军统领、民政部尚书、崇文门监督、理藩部尚书等职。在清朝末年，善耆堪称皇室贵族中的另类。他为人正直，宽厚诙谐，政治上廉洁而开明，在当时有“贤王”之名。不过在清朝灭亡以后，他又向世人呈现出灰色的另一面。为了重振爱新觉罗家族昔日的荣耀，他倾其一生的心血投身于复辟事业，成为民国的死敌，堪称最顽固的前清王爷。对于这样的历史角色，

末代肃亲王善耆

后人也只能怀着复杂的心情去走进他的世界。

1. 廉洁王爷太难得

在清王朝末年，官场腐败丛生，高官显贵们收受贿赂更是公开的惯例。例如同为“铁帽子王”的庆亲王奕劻，几乎将自己的王府当成了官缺买卖公司，一家子都在疯狂地“圈钱”。其他皇室贵族虽没这么不干净，但也多少得过些实惠。而肃亲王善耆偏偏是个另类。无论家中贫穷还是富贵，他都始终秉承自己的做人原则，独善其身。

“末代皇族”——西方人制作的明信片

从年轻时候起，善耆就表现出了不同于大多数八旗子弟的特质。尽管出身显贵，但他却十分厌恶好逸恶劳的习气，并练就了一身颇高的武艺。传说他能用脚背掴人耳光，甚至曾空手夺取西洋流氓的手枪。由于这些原因，善耆曾备受光绪皇帝的器重。1898 年，在父亲肃良亲王隆勤去世后，善耆袭爵，成为最后一代肃亲王。庚子事变发生时，忠心耿耿的善耆不顾自己的王府被日本人占据，马不停蹄地追随慈禧太后与光绪皇帝，护送他们一路西逃。可惜的是，这样的忠心却换不来慈禧太后的信任。由于庆亲王奕劻等人的诬陷，加上被视为光绪的心腹，善耆中途被慈禧打发回京。有趣的是，据当年一位老宫女回忆，慈禧之所以不喜欢善耆，是因为嫉妒他的福晋风头太甚：“肃王福晋长得漂亮，头也梳得精巧，耳坠的翠玉照得大半边脸都是绿的，把皇后、小主们都比下去了。老太后很生气，叩见时始终没给她好脸。”尽管如此，规规矩矩做人、踏踏实实做事的善耆还是在有限的空间里留下了一系列骄人的政绩。

要说当年善耆所干的最轰动的一件事，便是在任崇文门监督时拒绝按惯例“圈钱”。1900年10月，善耆被任命为崇文门监督。这个职位表面上并不显赫，却是个不折不扣的肥缺。因为崇文门监督的职责便是负责向进京商品征税，按照惯例，历任监督不仅能从中收受贿赂，还能坐收部分税款，一年下来少说也有几万两银子的灰色收入，例如以贪腐著称的奕劻和那桐都是借机大捞了一笔的。而善耆之所以能得到这个职位，是因为他的王府在庚子事变中毁于战火。朝廷照顾他家庭困难，便做了个顺水人情，给他提供一个“圈钱”的机会，好尽快重建王府。不料这位肃亲王愣是不解风情，很快就破坏了游戏规则。到任后，他大刀阔斧地对税务制度加以整顿，禁止勒索，革除贪污。以往洋人带货入京不纳税，他改为一体纳税；以往商民入关由经济人包揽上税，从中抽厘，他改为官员直接验货收税，减去了中间盘剥的环节，将税收全部上缴国库。到年终总结时，所有人都大吃一惊。以往崇文门每年的税收最多17万两，而善耆上缴税收竟高达64万两！具有讽刺意味的是，既然全天下的乌鸦都一般黑，那肃亲王这只白乌鸦自然会被孤立。尽管他对国库增收做出了贡献，但却因破坏了官场的潜规则而遭到责难和埋怨。不但下属们私下里抱怨这位年轻的肃王爷“小气”，不通人情，高官显贵们也因此骂他“不知好歹”“好名喜功”，就连原本应该感到高兴的慈禧太后也冷嘲热讽地说起了怪话：“若是都照肃王这样办，将来还有谁愿做崇文门监督啊！”或许稍稍令肃亲王宽慰的是，民间舆论对他的评价还算公允：“使天下办事人尽如肃王，何患不百废俱兴焉！”

1902年，善耆被任命为步军统领兼工巡局大臣，负责北京的治安和市政建设。借此机会，他参照西方制度，建立起新式警察机构，令各单位严格执法，即便是自己的亲属也不能例外。有一次，北京外城巡警总厅佥事许世英接到手下片警报告，说肃亲王善耆福晋到瑞蚨祥购物时，在被划为单行道的大栅栏来回进出了四次，但因人家来头大而不敢制止。好个许世英，尽管只是一处级干部，却胆敢铁面无私地罚了肃王福晋十块大洋。这

善耆

一下可捅了马蜂窝，对福晋来说，钱不算什么，可关乎面子呀，堂堂的王爷夫人居然被一个小干部公然罚了钱，岂不成了北京城的笑话？于是受了委屈的福晋便哭哭啼啼找王爷诉苦。起初，善耆也感到面上无光，生气之余便下令外城巡警总厅厅丞朱启钤对许世英进行问罪。不想后者却毫不买账地说："本朝宗法规定，立法必自亲贵始，盖所以为民众模范也。现巡警厅为了改善全城交通，把大栅栏改为单行道，实行未久，民众尚未遵行。如今处罚了福晋，可以让民众知道，连肃王福晋都要处罚，他们绝对不敢违反交通规则了。我可以保证，从明日起，那边的交通秩序，一定可以完全改观，政府的命令就可以完全贯彻了。"幸运的是，许世英还真遇上了一位开明的王爷。听到这番有理有据的回答，善耆不但没再生气，反而拍着小许的肩膀说："好，只要一直这样认真地做，我支持你！"多年后，当老许回忆起这段往事时，仍感慨万分地说："越是有地位有权势的人，也越讲理，越希望把事情做好。"善耆还积极推动京城的市政建设，例如现在著名的王府井商业区便始于他的创意。王府井大街一带原本路面很窄，凹凸不平，街道两边的店铺也很少。庚子事变之后，为了适应时代的需要，善耆奏请将王府井大街路东一片闲置的土地改建成市场，并命名为"东安市场"。没过几年，这里便相继出现了许多大大小小的店铺，成为繁华的商业区。1907 年出任民政部尚书后，善耆更加大了北京市政建设的力度，例如修建第一批公共厕所、举行最早的人口普查、成立全国第一支消防队等，无不显示出其敢为天下先的气魄。值得一提的是，1908 年，当光绪和慈禧相继去世后，北京市面上人心惶惶。好在经过善耆的安抚及加强警戒，京城并没有发生任何治安事件，从而保证了光绪的殡葬大典和慈禧的葬礼仪式得以顺利举办。看到这一幕，就连一向鄙视清朝官员办事能力的外国使节们都由衷感叹："在此复杂的形势下得以保全社会安宁，完全是肃亲王指挥调度有方的结果。"可惜的是，像善耆这样能干的王爷却空有一腔抱负。面对整个体系的腐败，他所有的个人努力只能是杯水车薪。

2. 开明王爷的两件事

在后人的印象中，清王朝覆灭前，其最高统治层内几乎全是保守愚昧的角色。其实也不尽然，因为身为“铁帽子王”的善耆就绝对是个特例。此人不但见识超前，思想开明，甚至对旨在推翻清王朝的革命党人也抱有同情之心。关于善耆的开明，最集中地体现在两件事上：一是支持立宪，二是保全汪精卫。

1907 年 6 月，善耆出任民政部尚书。当年的民政部可不同于今天的民政部，其职能倒有点类似于公安部、安全部之类，主要负责维持社会治安和监督言论、集会结社等。到任不久后，善耆就碰上了声势浩大的立宪运动。当时在皇室贵族中，大多倾向于维护皇权专制，反对君主立宪。不过作为满族亲贵中极为少见的开明人士，善耆却积极拥护立宪，对一些激进的民运分子也是多方维护，甚至曾慷慨地说：“只要你们汉人弄得好，咱们旗人滚蛋都行。”关于这位肃亲王的开明，许多亲历者都有深刻的感受。例如在清末曾与善耆共过事的曹汝霖在其《一生之回忆》中就这样说：“肃亲王在亲贵中，最为开明，擅书法，性刚强，喜与汉文人交游。”而著名学者杨绛在回忆起父亲杨荫杭（1878—1945）早年的经历时也提到过善耆的开明：“那时候，为宣统‘辅政’的肃亲王善耆听到我父亲是东西方法律的行家，请他晚上到王府讲授法律课。……辛亥革命前夕，我父亲辞职回南，肃亲王临别和他拉手说：‘祝你们成功。’拉手祝贺，只表示他有礼貌，而‘你们’两字却很有意思，明白点出东家和西席之间的不同立场。”关于此类评价，善耆的后人肯定也深有同感，以至于时过多年后，他的女儿金默玉还能自信地说：“如今很多史学家都认为他是位开明之士，当年他极力主张君主立宪，也曾向西太后谏言过，但西太后听后不悦，把他和恭王一起给轰下去了。父亲下去后大哭一场，觉得清朝完了。西太后每年过生日，那些王公大臣都要进贡，父亲想让她见识一下国外那些先进东西，告诉她‘人家文明都发展到这个程度了，大清朝别再妄自尊大了’。他处心积虑，让人从英国、法国运来了好多东西，比如沙发、摇椅、望远镜、留声机等等。但那些东西运回来后，有人说：肃王要篡位。他一生气，就把它们留在自己家了，我小时候还玩过。”

1910 年底，东三省的第四次国会请愿代表到庆王府求见奕劻，结果未得允许，他们只好在冰天雪地里等待，冻得瑟瑟发抖。善耆听说，马上前去看望。当这些代表返回东北时，他又以王爷之尊亲自到车站送行。1911 年，各省谘议局代表为请求提前立宪聚集京师。摄政王载沣等权贵均避之不见，惟独善耆在民政部大堂迎见各省代表。当双方代表对话气氛紧张之际，善耆忽然把帽子拍在桌子上，随即大声唱了一句京剧戏词：“先帝爷白帝城龙归天境”，众代表顿时愕然。善耆却笑着说：“诸君莫慌，咱们都是好朋友，你们也不说是代表，我也不说是王爷，横竖咱们乐一晌就得了。”这一举动，立即化解了原先剑拔弩张的气氛。据说善耆之所以唱这句戏词，其实是在暗指如果“先帝”光绪尚在世，立宪肯定早已实行了。

身为大清朝的“铁帽子王”，在朝廷风雨飘摇之际，善耆还对造反派革命党人采取宽容态度。尤其是处置汪精卫一事，更成为中国近代史上的一段奇闻轶事。

1910 年 4 月初，热血青年汪精卫联合黄复生、罗世勋等革命党人，密谋用炸弹暗杀摄政王载沣，以图重振革命党人的士气。结果由于各种原因，计划败露，汪精卫等人的自杀式袭击不但没有得手，反而被清廷捕获。按照清王朝的惯例，谋刺摄政王绝对是罪无可赦的“弥天大罪”，通常要凌迟处死并株连九族。就在这生死一瞬间，幸运女神眷顾了美男子汪精卫，因为当时负责审讯的正是肃亲王善耆。在审讯时，据说双方有这样一段著名的对话：

肃：“汪先生在《民报》的篇篇大作，我都拜读过。汪先生主张中国必须自强自立，改革政体，提倡民众参政，效法西方立宪，这些与朝廷的主张都是一致的。目前朝廷正在筹办预备立宪，建立国会让民众参政议政，这些不正是先生所争取的革命目标吗？”

汪：“我们革命党人所主张的绝不是立宪，而是要推翻封建专制，实

汪精卫

行三民主义。亲王既然读过汪某在《民报》上的文章，对汪某的革命主张应有所了解。”

肃：“你们革命党的确有很多杰出的主见，但你们也应该认真倾听我们的看法。说实话，我认为‘三民主义’是一种见识偏狭的理论，不能成为今后中国的指导理念。为什么要宣扬灭满兴汉？这样宣扬民族仇视能够使中国实现五族协和吗？为什么要搞平地起风波的流血革命，我们不是已经答应实行宪政，让各种政治主张都有实现的机会吗？用和平的宪政方式来实现自己的政治主张，不是比用多量人命财产损坏的革命方式来实现自己的政治主张更好吗？邻国日本不正是君主立宪的成功榜样吗？”

汪：“我们主张革命的时候，很多人用日本君主立宪成功的事例来反对革命。但日本明治维新，是西乡隆盛用武力从幕府手中夺来的政权，绝不是幕府微笑着把政权交出来的。现在中国搞君主立宪，并不能解决长年的腐败弊害，而且把国会作为民权的支柱不过是一种幻想，国会只不过是君主的傀儡走狗而已。只有民主革命才是救中国的唯一道路。”

善耆等人合影

肃："中国的政治十分复杂，各种民意纷缠不一，改革政体岂能操之过急？螳螂在前，黄雀在后，列强不是在觊觎着我们吗？不忍不谋则乱，还请汪先生三思。"

尽管双方属于完全对立的两个阵营，因此谁也说服不了谁。但在与汪精卫的接触中，向来爱才的善耆对眼前这位风华正茂的年轻人极为欣赏，并萌生了保全其性命的念头。接着，善耆开始对摄政王载沣进行了苦口婆心的说服工作。他认为，在预备立宪期间，杀几个革命党人不但无济于事，反而会使更多的革命党人铤而走险，因为革命党人行刺的目的就是玉石俱焚、杀身成仁，他们早已作好"薪尽饭熟"的献身准备。杀了他们不仅不能吓倒那些不怕死的革命党人，反而会激发民众对清廷的憎恶和反感。因此为了"标榜立宪，缓和人心，并羁縻党人起见，不如从轻发落为佳"。经过再三权衡，载沣最终同意了善耆的意见。4月29日，清廷以汪黄二人"误

善耆福晋

善耆与身边随从

解朝廷政策”为由，破天荒地免除他们死罪，判处终身监禁。在此期间，善耆还曾多次去狱中看望汪精卫，与其促膝长谈，与后生小汪可谓惺惺相惜，建立了特殊的友谊。由于这层原因，在辛亥革命胜利后，孙中山也曾专门写信给善耆，称他为“贤王”。对于善耆的保全之恩，后来飞黄腾达的汪精卫始终铭记于心，他曾这样回忆说：“我当年被捕，是肃亲王审的。要杀我，肃亲王可以杀，肃亲王没杀我。但肃亲王就跟我讲啊，说：‘你们这革命呀，当然啦，你们是有原因的，看我们清朝太坏了。唉！假如你们成功啊，我看你们也不能强过我们什么的。’他这句话所说的应验了，我们今天成功了，真是还不如人家前清，弄得这么糟糕！我跟他的关系就是这样的，来往得很好。”值得一提的是，抗日战争期间汪精卫沦为汉奸投靠日本，出任南京伪国民政府主席。为了报答当年善耆不杀之恩，他还曾准备派善耆的儿子宪立出任驻日大使，只是因后者病故方才作罢。

可惜的是，就像祖先豪格一样，末代肃亲王也是满腔抱负难以施展，反而处处碰壁。1911 年 5 月，以庆亲王奕劻为总理大臣的皇族内阁成立，善耆改任民政大臣，逐渐遭到摄政王载沣等人的疏远，不久又调任可有可无的理藩部大臣。尽管他思想开明，能力出众，声望颇高，又贵为“铁帽子王”，但在王朝末年却始终被排斥于权力核心圈外，最终只能眼看着王朝一步步走向毁灭。

3. “铁帽子王”的人情味儿

晚清时，老北京曾流传这样一句话：“恭王府的房子，豫王府的墙，肃王府的银子用斗量。”的确，在肃亲王家的鼎盛时期，钱永远不是问题。而在对待钱财的态度上，善耆再次给后人留下了诸多趣闻。传说当年由于银子太多，每年肃王府都要晒银子，怕银子发霉。到下午收工时，悠闲地坐在屋子里喝茶的肃王便会对管家说：“去，查查，银子少没少。”管家出去点点，回报说：“没少。”肃王点点头：“再晒。”第二天，肃王又对管家说：“去，查查银子少没少。”管家又出去点点，回报：“没少。”肃王再点点头：“再晒。”如是几番，管家终于领悟过来主子的意思，于是便带着几个管事的，一人撮一簸箕银子带回家去，然后回头禀报：“银子少了。”肃王这才点点头吩咐道：“那收起来吧。”看到这样的东家，是不是觉得太厚道了？

在日常生活中，善耆还是一位爱好广泛、多才多艺的王爷。他自号偶遂亭主，虽贵为亲王却好交朋友，不拘小节而生性诙谐。他是北京城出了名的戏迷和票友，其王府中几乎天天唱戏。有时候兴致来了，肃王爷还会亲自粉墨登场，据说他尤其喜欢演武生，其水平在某些方面甚至超过了名角杨小楼。更难得的是，善耆还致力于推动文化大发展大繁荣。1907 年，他下令在京城西珠市口内煤市街南口外开设名为“文明茶园”的戏院。戏院楼上为女座，楼下设男座，以示男女分开，从而取消了以往女人不能到戏院看戏的旧习，此举轰动了整个京城。不仅如此，善耆对一些落魄的文化界人士也多有提携。比如著名画家陈半丁，当年就是肃王爷家的座上宾。1906 年，尚无什么名气的艺术青年陈半丁经人介绍认识了肃亲王善耆。不想后者对他的画大为欣赏，因此一度热情地举荐他去当政府官员。尽管陈半丁婉言谢绝了，但二人却由此建立了深厚的友谊。清朝灭亡后，陈半丁逐渐成为画坛大腕儿，而善耆却沦为落魄遗老。1922 年善耆病故后，后人因家中经济困难竟无力治丧。陈半丁听说后，当即在大连举办画展，并将卖画所得全部交给善耆后人作为费用，并协助料理善耆灵柩返京归葬。这本是艺术圈的一段佳话，却也体现了肃王爷善耆独特的个人魅力。

由于善耆文武双全，结交广泛，在他的周围聚集了形形色色的人物。就连赫赫有名的八卦掌创始人董海川，都是在肃王府扬名立万的。当年的北京城，几乎尽人皆知善耆精通武术，王府中收养了不少武林高手，并且经常举办比武大赛，邀请王公大臣观赏。据说在早年练就绝世武艺之后，因有命案在身，董海川便隐姓埋名潜入北京，先在四王府当一名散差小太监。一次偶然的机会，落难的董海川得到善耆的搭救，从此进入肃王府当差。有一天，肃王大宴宾客，便乘兴叫来护院总管沙回回为大家表演武术。兴奋之余，王爷命董海川上茶，可当时人们都在围观沙回回表演，茶送不过去，情急之下，董海川便手托茶盘，纵身跃上大殿，自殿前宾客桌前飘落，静无声息，茶水竟然一滴未洒。肃王及宾客大吃一惊，大家都没有想到这个端茶送水的太监有如此好身手，于是都吵着让董海川表演，盛情难却，董海川这才亮出自己的绝学八卦掌，从此扬名四方。这个故事在清末许多文献中都有记载，相信很多人都有所耳闻，如今看来活脱脱就是清末版的“武林外传”，只不过同福客栈换成了肃王府。

4.“死忠”的清朝遗老

善耆的女儿金默玉曾这样回忆说：“父亲对清朝忠心耿耿，1912 年，他痛哭流涕反对溥仪退位，是唯一拒绝在退位诏书上签字的亲王。溥仪逊位后，他跟全家人说，国家都亡了，个人生活不能太奢侈，所以要家里人穿得简单些。母亲她们都有丝绸，也不能故意扔了，所以平时就在外面穿一布衣。我的三娘特胖，怕热，只有她平时可以穿一件纱衣。其他人上下都得是布的，不许穿丝的。所以父亲死后被溥仪‘赐’谥号为‘忠’，追封为‘肃忠亲王’。”实事求是地讲，既然生逢末世，凭一己之力根本就是无力回天,因此在辛亥革命后善耆的种种作为只能是精卫填海式的悲剧。谁又能想到，在大清朝时如此开明宽容的王爷，却在时代潮流面前冥顽不化。在人生最后的十年，他几乎是倾家荡产、不惜家破人亡地投身于清王朝复辟事业，至死都不曾回头。就像塞万提斯笔下的堂吉诃德，手持一柄破矛义无反顾地冲向大风车。更具悲剧意义的是，如果说善耆的梦想还多少令人同情的话，那么他选择的与日本人合作之路则彻底走向了国家和民族的对立面。

1911 年 10 月辛亥革命爆发后，由于不满袁世凯对革命党人的妥协政策，坚决反对清帝退位的肃亲王善耆、恭亲王溥伟、宗室良弼以及时任江宁将军的铁良等人组成宗社党。所有成员胸前均刺有二龙图形，以满文刺写姓名为标志，在天津、北京等地进行秘密活动。不久良弼被革命党人彭家珍炸死，皇室亲贵纷纷逃离北京，清帝也随即下诏逊位。面对此景，拒绝在退位诏书上签字的善耆无奈逃往天津，临行前他发誓说“不恢复清室，永世不进北京城”。或许善耆自己也没有想到，他还真就再也没有踏进北京城一步。1912年3月，由于担心得罪新政权，隆裕太后传谕令宗社党解散。而此时，决意将倾力复辟大清的善耆已经找到了新的根据地——旅顺。

原来在 2 月初，善耆乔装成商人，在日本人的护送下秘密绕道秦皇岛，再在那里登上日本军舰直达旅顺口。七天后，肃王府一家五十多口人又用同样的办法抵达旅顺。眼看一家团聚，又对未来充满幻想的善耆不禁感念安排好这一切的日本兄弟川岛浪速来。那么，这川岛浪速究系何人，居然能有如此大的能耐，令堂堂的“铁帽子王”感恩戴德？殊不知，此人原不过是一名日本浪人。说白了，无非就是一个国际混混。

川岛浪速（1865—1949），别号风外山人，日本长野县人，因熟谙汉语而被视为“中国通”。早在甲午战争前，他就来到中国，曾潜入上海、东北等地搜集情报，从事间谍活动。八国联军侵华时，他随日军攻入北京，因有功而被任命为日军占领区军政事务长官，因此有机会与返回北京从事善后工作的肃亲王善耆结识。后来当慈禧、光绪返回北京时，正是通过川岛的交涉才得以安然进入紫禁城。川岛因此受到清廷的器重，尤其得到善耆的信赖，后者还为他讨封了个二品官爵和勋章，二人的关系也日益密切。1901 年 6 月，清廷任命川岛为新设的北京警务厅总监督，按日本警视厅制度全权管理警务治安。由于川岛极力倡导中日联合的“大陆政策”，善耆对其甚为叹服，最终居然以王爷之尊与这个日本浪人结为把兄弟。

辛亥革命后，妄图在政治上赌一把的川岛极力鼓动善耆借日本人的力量复辟清王朝的统治，并一手安排了将肃亲王一家秘密转移到旅顺的行动。对于这段历史，善耆的第十二子宪钧交代得很清楚：“1912年，宣统帝退位，我父亲首先偷偷地跑到天津。川岛浪速得知后，也来到天津找我父亲。那时我父亲虽不甘心宣统退位，不愿意受革命党的统治，但心里尚无一定的打算。川岛探明我父亲的想法，声称日本可以帮助想办法，并劝他到旅顺居住。我父亲答应了。复经川岛从中联络，驻旅顺的关东都督福岛安正大将即派日本军舰‘千代田’到秦皇岛等候……有一天，我正在肃王府后花园游玩，忽然老妈慌慌张张地来叫我。我回到屋里一看，全家大小正在哭哭啼啼地收拾细软，忙着准备行李。我母亲忙吩咐给我换了衣服，我六哥宪英便领着我到安定门内分司厅胡同川岛浪速的公馆。这时全家五十多口人，也都是这样三三五五地分头来到这里。我们在此住了七天，正赶上过小年，最后一天天还未亮，大家又是这样三三五五地到了火车站，坐火车来到秦皇岛，乘军舰到了旅顺口。”据说在途中，心情复杂的善耆还写了这样一首诗：“幽燕非故国，长啸返辽东。回马看烽火，中原落照红。”

对于肃亲王善耆这样重量级人物的到来，日本方面极为重视，驻扎在旅顺的关东都督府予以热情接待。日本外务省与陆海军当局协商，决定向旅顺官员发出指示，对肃亲王要给予充分保护并提供方便。关东都督府还按照川岛浪速的建议，把当地民政长官白仁武的官邸提供给肃亲王充当住

善耆与川岛浪速（左）合影

善耆福晋与日本“友人”合影

所。从此，善耆便以旅顺为基地开始了复辟活动。伪“满洲国”独立运动的急先锋、日本人贵志弥次郎 1935 年曾追述道：“为此，我们将川岛芳子的真正父亲，即‘满洲国’皇帝陛下的伯父肃亲王，带到旅顺。同时还把川岛芳子之兄带到奉天。而芳子的养父川岛浪速与以其为中心之‘复辟派’，亦即‘宗社党’的一派，开始在奉天城内运动。”

1912 年上半年，在日本军部的直接操纵下，由宗社党人出面组织了一些蒙古王公，策划了第一次满蒙独立运动。由于东北当局的严厉打击以及日本政府中途退出，这次运动没有取得丝毫成果。肃亲王善耆反而被软禁于旅顺，并被迫向日本政府出具不参与政治活动的保证。1914 年 4 月，由于第一次世界大战爆发，日本再度萌生了染指“满蒙”的野心，因此又开始通过川岛鼓动善耆东山再起。宪钧回忆说：“1914 年，我家像遇到了喜事似的，喜气洋洋。一天午后，我父亲对我们说，今天傍晚‘风外’（川岛的别号）大人要由东京回来，大家都要到门外去欢迎他。于是大家整装，由父亲领着到大门外排队等候。川岛一到，我父亲马上迎上去，同他拥抱起来。晚饭时候，父亲又领着我最小的母亲作陪。这在我家里是从来没有的事情。从这天起，父亲和川岛会谈了好几天。密谈结束后，我父亲说：'我已没有东西用来表达我对你的感激之情了，我有儿女，你可以随便挑取，作个纪念吧！'结果把十四格格给川岛作了义女，川岛浪速给她起了个日本名字，叫川岛芳子。川岛走后，宪德说他要到东京去。后来我才听说，他去日本的目的，一是代表我父亲向大限重信表示感谢，一是代表我父亲去组织'宗社党'，并为此向财阀借款。临行我父亲给大限重信写了一封感谢信，还送给他三块'鸡血石'。"这次，在日本内阁及军部的支持下，宗社党重新在日本成立，本部设在东京，大连、海拉尔设有支部，核心人物则依旧是肃亲王善耆，恭亲王溥伟等人。不过，尽管宗社党在此后的几年里曾拼凑了一支所谓的"勤王军"，但其实并未掀起多大的波澜。而在此期间，善耆又在川岛的支持下搞了所谓的第二次满蒙独立运动。可是就如同此前一样，肃王爷的满腔热情最终都化为了泡影。

与此同时，原本家底极其厚实的善耆却发现，折腾了这么多年，不仅复辟大清江山的希望越来越渺茫，自己的家产也彻底被搞光了。自从1916年7月满蒙独立运动彻底泡汤之后，善耆就意识到自己所付出的代价实在太大了。短短五年的光景，历代肃亲王留在东北的森林、矿山、牧场等大批家产全部付之东流。有一天，老朋友川岛跑来无奈地对他说："存款已经用尽，今后连生活也无法开支了。"善耆闻言大吃一惊，做梦也想不到事态居然如此严重。其实日本兄弟欺骗了他，因为肃王府的钱还是有的，只不过早就被转移了。原来早在善耆逃往旅顺之前，川岛就勾结日本正金银行，劝他将金元宝及其他金质财物镀上银皮充作银货，然后以川岛名义交存正金银行封运。对于他随身带至旅顺的数百万元钱款，川岛也连蒙带骗地全部控制起来。结果肃王家几乎所有的财产除了耗费在复辟事业上，其余的几乎全被川岛侵吞了。

更厚颜无耻的是，为了维持善耆一家的生计，1918年左右，在川岛的"努力"下，日本政府同意由其出面向关东州厅申请，以"庚子事件中日本使

肃亲王善耆自题像

馆借用北京东交民巷肃王府邸守卫，致使肃亲王府在战火中被彻底烧毁的补偿”的名义，将旅顺一片约3.6万平方米的土地无偿拨给肃亲王家使用。另外，川岛还与关东都督府商请，在大连要到一块地皮，开办大连露天市场并亲自经营。不过在1922年善耆病死后，该露天市场便逐渐落入川岛一人之手。1943年，他将该市场以125万元售出，然后拿着绝大部分钱款返回日本。

至于复辟无望的善耆，心灰意冷之余，此后便把全部的希望寄托在子女身上。他不许子女作中国的官，也不许为中国的公民。1922年2月，末代肃亲王善耆病死于旅顺，他的第四侧福晋不久也去世。为嘉奖其对大清王朝的忠心耿耿，逊帝溥仪追赠谥号“忠”，全称肃忠亲王。三年后，善耆及其福晋的灵柩在家人护送下运回北京。值得一提的是，末代肃亲王的这次最后的亮相还算风光。他的女儿金默玉回忆说：“父亲去世三周年时，被运回北京安葬。记得当时给准备了一辆火车，父亲的棺木在前头，母亲的在后头。几乎所有旅顺人都出来看，附近的农民头一天赶着马车来，晚上住在马车里就为了等着看热闹。据说现在有些老人还能记得当时的‘盛况’。送葬的队伍很长，按照规定，抬灵柩的人要64人，加上路上换班的那套人马，一共128人。队列的最前面是‘金山’‘银山’‘马’‘车’；为了赶制这些供品，旅顺所有纸店里的存货都被抢购一空。送葬的亲友多达数百人，因为队伍太长，从旅顺家中到火车站整整用了一天。灵柩用火车经奉天、山海关到达北京，是袁世凯亲自在车站迎接的。”魂归北京后，善耆被安葬在他家的祖坟，也就是现在东南三环的劲松、潘家园一带。而说起劲松这个地名，还与肃王家有直接关系呢。据说从清代初年，肃亲王家的墓地就有六棵巨大的松树，其中一棵要数人合抱，而松枝则需用上百根木料支撑，因此才有“架松”之名，后逐渐演化为“劲松”。虽然在20世纪40年代松树都枯死了，但地名却一直流传下来。不过在岁月的变迁中，肃王爷家的墓地早已面目全非。放眼望去，这一带到处是高楼林立，哪里还能追寻到昔日王家的气息？

庆亲王奕劻出卖了整个皇族

“天下惟论财货，禅让亦以贿成”——这是晚清文学家王闿运对庆亲王奕劻所下的断语。庆亲王家族虽在清代的十二位铁帽子王中排名最末，但在晚清历史上却是“大名鼎鼎”——虽仅传两世，却将“老庆记公司”经营得风生水起，财源滚滚，在亲王的铁帽子之外，还落了个晚清首富的“桂冠”和断送爱新觉罗儿百年基业的“头号罪人”。

1. 远支宗室混成了最后一位铁帽子王

“使皇帝多如雨落，亦不能滴吾顶上，唯求诸兄见怜，将和珅邸第赐居，则吾愿足矣。”说这话的是庆王始祖、乾隆帝第十七子永璘。永璘是乾隆皇帝最小的儿子，与嘉庆皇帝同为孝仪纯皇后所生。据《啸亭杂录》记载，永璘不喜读书，贪玩游乐，且常在市井狭巷中出入，毫无皇子的架子，因此虽为幼子却并不招老子乾隆皇帝待见，直到乾隆五十四年（1789年），才得封贝勒。从上面的那句话不难看出，永璘对此也是心知肚明：皇帝即便是多如雨下，也不可能砸在自己头上，不如尽情享乐，一代权相和珅位于什刹海畔的豪宅就这样入了十七皇子的法眼。1799年，嘉庆皇帝亲政，加封自己的这位亲弟弟为惠郡王，后改为庆郡王，并将永璘觊觎已久的和珅宅赐给其居住。

庆亲王奕劻与清末贵胄学堂的学员们

庆亲王奕劻

庆亲王奕劻

庆亲王奕劻

永璘为人不羁，虽然有皇兄的严加管束，仍是荒唐不断。1800年，因未事先奏明便擅自为颖贵太妃祝七十大寿，被命退出乾清门，仍留内廷行走。1816年，又稀里糊涂将奏折交于内奏事太监，不符规制而被罚俸禄。1820年3月，永璘病重期间，嘉庆皇帝亲临府上探望，并进封为亲王。不久永璘死去，谥曰僖。

庆僖亲王永璘死后，第三子绵慜袭爵，降为郡王。绵慜死后无嗣，以仪顺郡王绵志之子奕綵承继为贝勒。后来奕綵在服中娶妾，永璘第六子不入八分辅国公绵性图谋让奕綵革爵，最终两败俱伤——奕綵革爵归宗，绵性革爵发配盛京。而永璘第五子不入八分镇国公绵悌也因“知情不报”而被降为镇国将军。绵悌死后无嗣，由绵性长子奕劻承继，爵位随之降至辅国将军。

估计永璘怎么也不会想到，自己荒唐的秉性竟会遗传得如此到位，而这爵位也似被下了咒语一般，后辈儿孙们一个不如一个，且谁袭爵谁无后，短短几十年光景，不仅爵位从最初的亲王级迅速降到倒数第三的辅国将军，六个儿子也只剩了奕劻一脉，连自己心仪的宅子也保不住，似乎正应了“富不过三代”的俗语。但是，也正是在奕劻手中，庆王家族终于咸鱼翻身了，以皇室远支的身份混成了大清朝最后一位铁帽子王，让原已消逝的荣耀与尊贵再次照亮了这个家族。

纵观奕劻的发迹之路，可谓是一帆风顺：1850年袭辅国将军；1852年赏固山贝子；1860年晋贝勒；1872年加郡王衔，授御前大臣；1884年接任总理各国事务衙门大臣，晋庆郡王；1885年受命会同醇亲王奕譞办理海军事务；1894年晋庆亲王；1903年授军机大臣，总理外务部、财政处、练兵处；1908年以亲王世袭罔替；1911年任首任“皇族内阁”总理大臣，组成庆亲王内阁。与晚清另两位铁帽子王恭亲王、醇亲王俱为皇子、皇弟相比，奕劻不过是远支宗室，如何竟在云谲波诡的政局中一枝独秀呢？这恐怕要得益于奕劻为人圆滑，善于逢迎的个性。

1884年，一向对奕訢颇有猜忌的慈禧以其在中法战争中“萎靡因循”

为名，将奕訢为首的领导班子全体炒了鱿鱼，代之以醇亲王奕譞为首的新军机处，奕劻则接任了总理各国事务衙门大臣，开始了他的飞黄腾达之路。1894年，慈禧六十大寿之时，奕劻又被晋封为庆亲王，奉旨在紫禁城内乘坐二人肩舆，赏食亲王双俸，荣耀非凡。庚子年间的义和团运动和紧随其后的辛丑议和更是成为他政治生涯中的重要事件。

作为总理衙门大臣，奕劻从义和团萌芽之初就认识到了形势的严峻性，力主严加查禁直隶、山东一带的义和拳会。但在清政府“化大为小，化有为无”的原则指导下，义和团发展的势头很是迅猛。1900年，英、美、德、法、意五国驻华公使以武力要挟清政府迅速采取措施，镇压义和团。作为大清国洋务工作的主管领导，在强大的外交压力和恫吓下，奕劻再次领衔上奏，请求拿办义和团。而慈禧在与众大臣密议之后，采纳了“主抚派”的建议，“决计不将义和团匪剿除。因该团实皆忠心于国之人……以之抵御洋人，颇为有用。”6月10日，内阁明发上谕，令端郡王载漪为总理衙门大臣，礼部尚书启秀、工部右侍郎溥兴、内阁学士兼侍郎衔那桐为总理衙门行走。英国公使窦纳乐致索尔兹伯理函中说：“……所有情报都表明端王是宫廷设立义和团神坛的主要支持者……”一向圆滑的奕劻当然知道不能直接和慈禧冲突，于是便把俄国公使格尔思的函件（内称“如果贵国政府或偏庇义和团，抑或无力弹压”，“欧洲各邦必当设以绝计，以救其民……），以奏折附件的形式呈给慈禧，以这种折中的方式曲折地表达了自己的意思。慈禧岂能不知奕劻的意思，以载漪取代奕劻为总理衙门大臣，实际上就是将奕劻暂时搁到了一边。载漪、刚毅等人则把奕劻看成了阻挠他们“抚团剿洋”的主要障碍之一，甚至一度有载漪欲杀奕劻的说法。英国驻天津领事贾礼士在发给索尔兹伯理的一封信中也说：“在北京的主要政治家之间，庆亲王和大学士荣禄似乎已成为对端王或董福祥提督起牵制作用的仅有的人物。”而普通的义和团成员则将他描绘成了大汉奸，攻击奕劻的大字报贴满北京街头。就在张贴传单的当天，京师义和团杀死了清军副都统神机营翼长庆恒，可想而知奕劻看到大字报后的心情了。明哲保身的奕劻立即收敛看法，在此后讨论局势的高层会议上，奕劻一概装聋作哑，可见其

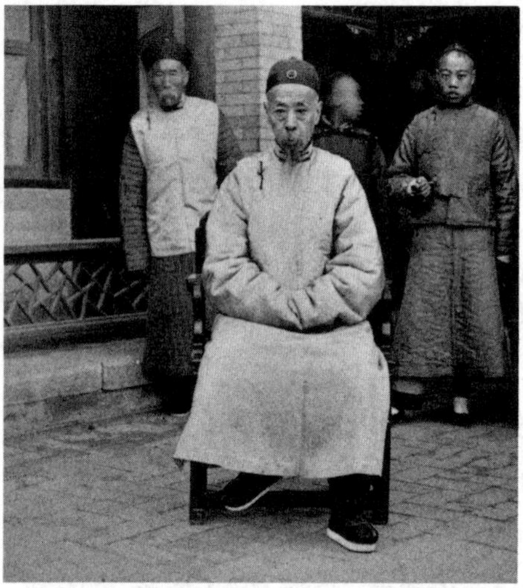
奕劻

奕劻

圆滑、巧诈，城府之深，他决不会像徐用仪、许景澄、袁昶等人那样，冒着杀身之祸，去拼命直谏。这一段时间内，他主要是和各国公使们频频书信来往，要求各国外交人员到天津“暂避”，回答公使们提出的关于安全问题的疑问，向公使们介绍中国计划采取的保护措施等等。

1900年8月4日，八国联军分两路自天津进犯北京。第二天，慈禧带着光绪及大阿哥溥儁等仓皇出逃。此时各方人士都想起了闲置的庆亲王奕劻。总税务司赫德认为：“各国素与庆亲王奕劻办事多年，最为信服……必须三日内请庆王迅速会晤，以安宗社而救百姓。”9月3日，奕劻在英、日军队护送下回到北京。经过一系列交涉，1901年9月7日，《辛丑条约》正式签字。奕劻在辛丑议和中既让慈禧避免了“祸首”的尴尬，又让列强们得到了满意的结果，怎能不让慈禧从此对其优容有加？

奕劻

1903年，奕劻被授军机大臣，兼管外交、财政、练兵等事务，总揽朝政大权。1908年，又命以亲王世袭，得到了清宗室的最高爵位。有清一代，除开国佐命殊勋的八个铁帽子王为世袭罔替之外，只有雍正皇帝之弟、怡贤亲王允祥，咸丰皇帝之弟、恭亲王奕訢和醇亲王奕譞得到过此项封赏，奕劻却以远支宗亲获此殊荣，不难看出慈禧对他的倚重。1911年，裁撤军机处，奕劻出任“皇族内阁”总理大臣，组成庆亲王内阁。

奕劻

不知道是不是在和珅宅子里住久了的缘故，庆王爷将和中堂的贪腐品行学了个惟妙惟肖。后世有人称他为大清“首富”，是不是首富不知道，但“首富”之一却是毫无疑问的。

奕劻曾先后三次出任京

师崇文门税关正监督。这可是一个肥缺儿，想当年和珅就是在这个位置上捞了个盆满钵满。而卖官鬻爵这种权钱交易自古就是贪墨的不二法宝。《睇向斋秘录》中说奕劻“性好货，所举之人，靡不以贿进，贤否不问也。”凡是到奕劻门下求官者，自然要献上大笔银两。如杨士骧的山东巡抚一职，就出了十万两银子。邮传部尚书一职明码标价三十万两。盛宣怀想得到这个位置，奕劻却以其身家丰厚，将价格提至六十万两。后来盛宣怀托人百般说情，终于以三十万拿下，但“须交现金，不收他物”。

为了方便行事，很多想买官的人还纷纷请拜在奕劻父子名下，或为门生故吏，或为干儿义女。其中最出名的二人都姓陈，一个是直隶总督陈夔龙，为奕劻之干女婿；一个是邮传部尚书陈璧。陈夔龙每年必送奕劻冰敬、碳敬数万两，其他古玩、绸缎多不胜数。陈璧原是一个道员，穷困不堪。当时一个金店老板，愿意出资帮助他，只要求他日富贵后别忘提携自己即可。这位金店老板用重金所得的东珠鼻烟壶以陈璧的名义进献给奕劻，使陈璧借此拜在奕劻膝下，自称干儿。他又借了金店老板五万两送给奕劻，一跃而升为侍郎，入驻清政府新成立的邮传部。金店老板也因此弃商从政，得到了轻易捞取肥大油水的铁路局长之差。

山西巡抚出缺时，奕劻力保山西按察使志森破格升任，但由于载沣和其他几位军机大臣的反对未能成事。后来，大家才知道，原来志森是奕劻的亲家。

据《光宣小记》中记载，武昌起义爆发后，原四川总督锡良曾自告奋勇率兵督陕，而一向卖官拢财的奕劻在此危难之时，仍不忘向其索贿八万两，锡良闻之大怒：“生平不以一钱买官，况此时乎？”

卖官只是奕劻敛财的方式之一，其他名目更是层出不穷。1908 年，奕劻为自己的七十诞辰大摆筵席，这个绝佳的攀附交结机会谁能错过？明地里，奕劻告诫家人严禁收礼，可暗地里却准备了福禄寿喜四个账册，将客人所送礼金及礼物按数量、价值高低分级入册。这一日，庆王府门前车水马龙，熙来攘往，好不热闹！ 这一次大寿做下来，奕劻所得现金达

与奕劻长期保持政治盟友关系的袁世凯

五十万两白银之多，礼物价值更在百万以上！

据说，奕劻通过受贿索贿聚敛的家产折合白银竟在亿两以上，而当时大清国一年的财政收入也不过8000多万两。奕劻贪腐的名声不仅是国内闻名，更是名扬海外，1911年，《泰晤士报》发文称奕劻："彼之邸第在皇城外之北，北京大小官员，无一不奔走于其门者，盖即中国所云'其门如市'也。"

因为奕劻府中每日迎来送往，热闹非凡，因此被时人戏称为"老庆记公司"。奕劻如此贪腐，当然不免遭到弹劾。不过，对于圣眷正隆的庆王而言，这些弹劾无异于蚍蜉撼树。1904年，御史蒋式瑆上疏弹劾奕劻"将私产120万两送往东交民巷英商汇丰银行收存。奕劻自任军机大臣以来，细大不捐，门庭如市。是以父子起居、饮食、车马、衣服异常挥霍，尚能储蓄巨款。"清廷派左都御史清锐、户部尚书鹿传霖前去核查，结果查无实据，蒋式瑆反而因此被斥。1906 年，东北地区建省，改盛京将军为东三省总督，设奉天、吉林、黑龙江三省巡抚，清廷派载振与徐世昌查勘边务。直隶总督袁世凯的心腹段芝贵为谋得要职，为投载振所好，花费一万二千两重金购得梨园名伶杨翠喜献与载振作为进身之阶，果然谋得黑龙江巡抚一职。第二年，御史赵启霖以此事上疏参奏段芝贵及奕劻、载振父子，一时轰动朝野。清廷派醇亲王载沣、大学士孙家鼐查办此事，又以“事出有因，查无实据”结案，赵启霖也以妄言落职。不过载振还是在重压之下，自请辞去农工商部尚书及各项差使，赋闲家居。

以慈禧的精明，岂能对奕劻之贪毫无所知？据说，慈禧曾对人说，奕劻凭借朝廷势力，大肆中饱私囊，是对不起自己对他的一片用心。可是，如果自己以他人替换奕劻，“……他人遂足信哉？”果然是朝廷无人啊！

不过，奕劻本人倒也不是毫无可取之处。清代满汉对立的现象一直比较突出，可奕劻这种思想就比较淡薄。不仅那些干儿义女多为汉人，其子载抡娶的是山东巡抚孙宝琦的女儿。清制满汉不能通婚，这一规定直到 1902 年才被废除，但真正做到满汉通婚的大概只有奕劻了。因此当时的报纸登载：“是为亲贵中满汉结婚之第一次。”时人有诗道：公然满汉一家人，干女干儿色色新。也当朱陈通嫁聚，本来云贵是乡亲。

2. 卖掉爱新觉罗基业的头号“罪人”

1917 年，奕劻病故。虽然此时溥仪退位已经有几年了，但在满清那些遗老遗少眼中，他仍然是皇帝，能得到他的封赐仍是莫大的荣耀。因此，溥仪依照旧例，派贝勒载涛带领侍卫十员前往祭奠，并赏给陀罗经被和三千元治丧费。同时，内务府大臣照例根据奕劻的一生事迹，为其拟好了谥号“哲”。结果却被小皇帝断然否定，另拟了几个，如荒谬的“谬”，丑恶的“丑”，“幽王”的“幽”，厉王的“厉”等，全是恶谥——因为在溥仪眼中，奕劻“受袁世凯的钱，劝太后让国，大清二百多年的天下，断送在奕劻手里”。溥仪的父亲载沣及其他亲贵势力请溥仪看在宗室的面子上网开一面，最终才不情愿地赐谥号“密”，意思是“追补前过”。在清代亲王谥号中，“密”是最差的一个字。溥仪为何认定大清朝断送在奕劻之手呢？这得从奕劻与袁世凯的关系说起。

在奕劻的受贿名册上，袁世凯绝对是最大的行贿者。荣禄死后，袁世凯在得知奕劻即将调任军机处之后，立即派亲信杨士琦给他送去一张十万两的银票作为其升职后打赏之用。此后，袁世凯对奕劻“月有月规，节有节规，年有年规”，源源不断地将银两送入奕劻府中。遇庆王及福晋的生日、儿女成婚等大小事宜，更是一手打点张罗，不费王府一分一厘。为了和奕劻拉近关系，他还与比小自己 17 岁的奕劻长子载振结拜为兄弟。

戊戌政变后，慈禧对袁世凯一方面十分重视，短短几年即将他由直隶按察使提到直隶总督、外务部尚书。被委以重任的袁世凯不但掌握北洋六镇，心腹爪牙更是遍布京城内外。在《纽约时报》记者托马斯·F·米拉德眼中，袁世凯“确实在这些趋向进步的高层官员中被推认为第一……袁明智地勇往直前，直到大清国里除了慈禧太后以外再没有第二个人能与他争锋。袁在帝国上下正形成越来越大的势力和影响。”

但另一方面，慈禧却又对他极不放心，而袁世凯和奕劻的特殊关系更让她心中忐忑不安。1907 年，袁世凯从直隶总督、北洋大臣任上调任外务部尚书，同时入值军机。这起任命后来在溥仪看来，就是慈禧意欲解除袁世凯兵权的举动。而《纽约时报》对于袁世凯的这次调职的揣测则是：“袁是这样强大的一个人，他不可能一直被埋没下去。时值中国的国际处境越来越趋向危急，满族皇室需要他的足智多谋去抵抗日本和沙俄的侵略。所以，袁被调任为军机大臣，并被任命为外务部尚书。”

据说，慈禧在生病期间听到了一个惊人的消息——袁世凯准备废掉光绪，推戴庆亲王奕劻的儿子载振为皇帝。以袁世凯在新军的实力，发动这样一场军事政变也不无可能。毕竟在政坛也算久经考验了，慈禧迅速做出了一个决定：让奕劻到东陵查看工程，然后将袁世凯嫡系段祺瑞第六镇全

奕劻家的格格

奕劻之子载搏

部调出北京，再把自己的亲信铁良的第一镇调进北京。所有安排妥当以后，慈禧才宣布立醇亲王载沣长子溥仪为帝，由载沣监国摄政。等奕劻回来之后，一切已成定局。但同时为了笼络奕劻，给予其亲王世袭罔替的恩宠。

溥仪当上皇帝没多久，监国摄政王载沣就以“足疾”为由，解除了袁世凯的一切职务，让其回籍养伤。据传，光绪在临终之前曾与载沣见了最后一面，嘱托他一定要诛杀袁世凯。因痛恨袁世凯告密致使变法失败，光绪在被囚瀛台期间，每天在纸上画大头长身的各式鬼形，写上“袁世凯”三字，然后撕成碎片；又经常画一乌龟，龟背写有袁的名字，然后贴在墙上用小竹弓射击，射烂之后还不解气，再取下来剪碎，“令片片作蝴蝶飞”。还有人说光绪临死前一言不发，唯用手在空中写了“斩袁”两字。不管实情如何，作为光绪的亲弟弟，载沣必定也对害得自己亲哥哥被囚十年的袁世凯恨之入骨。载沣本意是要杀掉袁世凯，但张之洞认为国家新遭大丧，新帝又年幼，为稳定政局期间，不易此时诛杀大臣。奕劻、那桐、世续等其他军机大臣也表示反对，载沣无奈只能将袁“开缺回籍”。此举无异放虎归山，在河南安阳披蓑垂钓的袁世凯貌似寄情山水之间，实际并未放松对时局的关注，其政治影响力并未消失。

武昌起义爆发后，本就风雨飘摇的清王朝更是危如累卵。奕劻以形势危急为由，提议起用袁世凯，那桐、徐世昌等人立即心照不宣地随声附和。回天乏力的载沣只得再度起用袁世凯，这一决定被溥仪的英文老师庄士敦称之为“致命错误”。1911 年 11 月 1 日，清廷宣布解散皇族内阁，任命袁世凯为内阁总理大臣。尽管很快取得了对革命军的部分胜利，但心机颇深的袁世凯却放慢了脚步，开始南北和谈。在庄士敦看来，“袁世凯在打自己的主意，他所做的一切并不是出于对皇室的忠诚。这一点，大家很快就弄清了。”

南北议和开始后，据宗室溥润回忆，隆裕宣召奕劻进宫，一力主张清帝退位的奕劻对隆裕说：“革命军队已有五万之众，我军前将士皆无战意。”又对载沣说：“全国已去大半，幸能偏安，亦难持久。果能融合满汉，改良政体，似不妨和衷商办。若因固执而至决裂，则满人均为我一家所累。”弄得本就心中惶恐的二人更无主意。1912年1月17日第一次御前会议上，奕劻认为“要想保全皇室，除了走共和的道路之外，恐怕没有别的好办法”。因此与溥伦等人主张自行退位，颁布共和，遭到肃亲王善耆、恭亲王溥伟、贝子载泽等人的坚决反对，毫无结果。第二天再开御前会议，仍无结果。会后，以良弼为首的宗社党等十余主战派前往庆邸，围攻奕劻，可奕劻却打定主意不松口。据说，奕劻如此坚持是因为拿了袁世凯300万两白花花的银子，所以才心甘情愿去充当逼宫的说客。就连隆裕身边的总管太监小德张也得了奕劻和袁世凯的好处，不时的在隆裕耳边敲边鼓：“主子，你也别太着急上火，照奴才看，不管这君主也罢，共和也罢，老主子全是一样。讲君主，老主子也不过就用用宝；闹共和了，太后还是太后。不过，可得先答应了南边的条件。要不然啊，革命党打到了北京，那可就全完了！”真真是四面楚歌啊。

1912年2月12日，走投无路的隆裕代表小皇帝颁布诏书：“外观大势，内审舆情，特率皇帝将统治权公之全国，定为共和立宪国体……”清宗室对奕劻极其愤恨，认为其“以理内政，则内政无不荒，以理外交，则外交无不败……奕劻于皇族中，固断送清之第一罪人矣。”民谣也说：“杀端方，宰铁良，贪赃枉法庆亲王，里勾外连袁世凯，锉骨扬灰徐世昌。”

不过，在另一层意义上来说，奕劻无意之中间接推动了大清的灭亡，也算是无心成为了革命党“潜伏”在朝廷里最大的“地下工作者”了。

清帝退位后，不招宗室待见的奕劻先是迁居天津，后又回到北京，凭借手中大把的银子，过起了悠哉闲哉的日子。1917年1月28日病死府中（一说青岛），葬于北京昌平庆王祖坟。

3. 农商部长的花边新闻

按照大清祖制，王爷的正室封福晋，侧室封侧福晋。亲王最多只能有福晋五位（嫡福晋一人，侧福晋四人），而奕劻却有福晋六人，其地位之特殊由此亦可见一斑。奕劻共有六个儿子，其中有三个早夭，剩下的三个即长子载振、次子载搏、五子载抡，另有格格十二位。

奕劻的四格格也深得慈禧的宠爱，长年在宫中陪伴慈禧左右。当年慈禧在颐和园要装扮南海观世音照相时，正是四格格扮的龙女，李莲英饰的善财童子，日后成为了慈禧很出名的几张照片之一。

在奕劻诸子中，长子载振风头最劲。因父亲备受荣宠，他也是少年得志，一路青云直上，春风得意：14 岁就获得了头品顶戴，19 岁封镇国将军。辛丑和约后，赏加贝子衔。1902 年，年仅 27 岁的载振受命出使英国出席英国君主爱德华七世加冕典礼。振贝子一去就是 17 个月，“顺路”还访问了比、法、美、日诸国，其行程之远，历时之长，在当时亲贵中都创造了记录，可谓风光无限。归国后，他将此次出行的日记整理出版，涵盖了访问诸国的行程、外交礼仪、观感，以及各国的商务、学校、工艺、议院、法律、规章制度等，名为《英轺日记》。但据其子溥铨后来回忆，载振不过粗通文墨，并不擅写作，此日记据说是他的随员唐文治整理的。

此次出访为载振赢得了很大声誉，慈禧也对他大加赞赏。回国后，载振根据在日本参观大阪展览会的感受，上折子请求振兴商务，设立商部，被清政府任命为商部尚书，成为中国有史以来的第一任商务部长。1906 年，清廷颁布立宪，改革官制，改为农工商部尚书。当时，上海信成银行发行的纸币币面，印的正是商部尚书载振的半身像。

然而，就在振贝子官场得意之时，一场突如其来的“献妾门”事件却让我们的第一任商务部长狼狈不堪，仓皇下马。

事情缘起于 1906 年，东北地区建省，改盛京将军为东三省总督，设奉天、吉林、黑龙江三省巡抚，载振与徐世昌受命查勘边务。二人途经天津，时任直隶候补道的段芝贵知道载振性喜猎色，遂投其所好，千方百计地邀请到当时的天津名伶杨翠喜前来唱戏助兴。如花似玉的杨翠喜生就一副好嗓子，千娇百媚，迷得风流成性的载振是五迷三道，简直忘了自己姓甚名谁了。第二日，段芝贵以一万二千两的高价买下了杨翠喜，在载振返回北京的第二天及时送到其府上。段芝贵的贴心服务很快就有了回报，不几日后，由候补道一擢而成为署理黑龙江的巡抚，连升三级。此事不知怎地被御史赵启霖得知了，立即上疏弹劾，“献妾门”事件一时轰动京都。后事情虽然以“事出有因，查无实据”而不了了之，赵启霖更以谎奏之罪被夺官，但载振还是被迫自请辞职，断送了自己的大好前程。

其实，王公贵族金屋藏娇本不算什么，载振的风流纨绔习气早已名声在外，为什么会弄出这么大的动静呢？追其根源，恐怕还出在袁世凯身上。

自满族人入关以来，虽然一直推行满汉一家，但实权其实一直是掌握在满族大臣手中的。但从太平天国运动之后，迫于形势的清皇室对汉臣的依赖越来越多。从曾国藩起，汉人开始握有兵权，掌握枢密，但皇室对于汉人终究还是不放心的。因此，曾国藩、李鸿章、左宗棠、张之洞等人行事都是分外小心谨慎。袁世凯以办新军起家，继任北洋大臣、直隶总督，朝廷对他岂能不戒惧？东三省是清皇族的根基所在，可设省之后，总督徐世昌、奉天巡抚唐绍仪、吉林巡抚朱家宝、黑龙江巡抚段芝贵等人都是袁世凯的得力干将，老祖宗的发家之地几乎成了袁世凯的天下。是可忍孰不可忍？但袁世凯位高权重，难以一下子铲除，于是段芝贵就成了第一个靶子。经慈禧批示，他的黑龙江巡抚一职自然是不保。而载振也很冤地做了垫背的，辞了职不说，还把杨翠喜送回了天津，真是赔了夫人又折兵。从此以后，载振远离政界，安心地享受他的奢华生活去了。

奕劻死后，载振袭了父亲的爵位。不过滑稽的是，这个爵位是由民国总统黎元洪特准的：“清宗室庆亲王奕劻因病出缺，所遗之爵，本大总统依待遇清皇族条件第一项，以伊长子载振承袭罔替”。随后，载振同五弟载抟（曾封镇国将军）、六弟载抡（曾受封领头品顶戴）分了家，将庆王府一分为三。后来载抟住的那一部分被大火全部烧毁。载抟、载抡先后迁居天津。在溥仪被赶出紫禁城不久，载振深感时局动荡，遂于 1925 年花了十几万元，买下了位于天津英租界 39 号（今重庆道 55 号）、原属太监

奕劻之子载振

“小德张”的一所楼房，举家迁至天津当起了寓公。

载振迁到大津后深居简出，一直尽量避免与各方尤其是军政界联系。溥仪出宫在天津日租界张园居住期间，载振也只在每年溥仪的生日那天，率长子溥钟、次子溥锐到张园祝贺万寿。日本侵占东北成立伪“满洲国”后，溥钟、溥锐于1935年前往“新京”（长春）祝贺溥仪30岁整寿，临行前载振再三嘱咐他们要谨言慎行，尽量少和各方面接触。此后便再无来往。1940年，伪华北行政委员会王揖唐曾派人来请载振出山，也被其婉言谢绝。

载振兄弟得到了奕劻留下的大笔财富，因此即便在清朝覆亡之后，依然过着相当奢华的生活。据其三子溥铨回忆，载振一般下午两点左右起床，洗漱后到佛堂烧香拜佛，然后吃早点、吸食鸦片烟。他喜好玩赏鱼鸟花草，什么金鱼、天鹅、野鸭、虎皮鹦哥等，特别喜爱养蛐蛐、金钟子。每晚九时吃饭，饭后喝牛奶吃水果，然后再吸一次鸦片烟。晚辈们会在饭后陪他一起聊聊天。如果外出看戏就提前吃饭，一同前去，夜间一点再吃一次点心即入睡。在天津的二十多年，载振一直保持这种生活方式。载振对晚辈的教育，一直沿袭着大清朝的方式，平时除一同去戏院看戏外，不准随便外出，以避免与外界、特别是军政界接触。也不让后辈们去学校读书，就在府内请两位老学究教课，课程由《三字经》《千字文》到《四书》《五经》。

天津名伶杨翠喜

载振特别喜爱京剧，尤其爱听尚小云、谭富英的戏。尚小云每次来津，都会前往府中拜会载振。中国大戏院落成后，载振固定订下头、二级包厢各一个，尚、谭来津演出，载振全家几乎每晚都会去看戏。他还喜欢看李少春的戏，认为他是难得的文武全才。奚啸伯、张君秋、马连良、白玉薇、李金鸿等名演员也是载振府中的常客。尚小云曾送给载振一座

杨翠喜事件的主角——段芝贵

雕刻精致的戏台木雕模型，高约50cm，宽约90cm，凡舞台上用的桌椅、台帘、幔幛、各种乐器，包括打击乐锣鼓、各种声乐胡琴、二胡、月琴、南弦、九音锣以及笙、管、笛、箫等乐器模型，共七八十种，精巧剔透，形象逼真，据说是由名琴师徐兰沅和杨宝忠精心雕制的唯一的一台，深受载振喜爱。1953年由溥铨捐献给了天津市历史博物馆。

载振府内的男女仆人（包括他们的家属）共一百余人，包括佣人、丫头及厨师、花匠等。府内楼房西边的平房是大厨房，东边的平房是成衣处，院内西部有汽车房，养着两辆汽车，外出看戏、日常外出都乘坐汽车。

如此大的场面开销自然不菲，坐吃山空毕竟不是长久之计。载振颇有商业头脑，除了将大笔银两存入银行吃利息，他还尝试投资商业。北京动物园的前身就是他兴办的。在天津，他独办了“龙泉澡堂”，还投资高星桥创办的劝业场和交通旅馆，总名称为新业公司。劝业场是一幢由法国人设计的七层浅灰色大楼，除了经营布匹丝绸、服装鞋帽、照相器材、文具纸张等日用百货之外，还有珠宝店、书画店、西餐馆、虫草舍、寿衣店、相面馆以及戏院、影院、茶社、台球社、地球社等休闲娱乐场所，相当于现代集合购物、餐饮、娱乐于一体的Shopping Mall。商场按载振建议取名为“劝业商场”。在六层的办公室内，悬挂着“劝吾胞舆”“业精于勤”“商务发达”“场益增新”四个条幅，揭示了其名称的来处。而“天津劝业场”的巨大匾额是天津近代四大书法家之首，被天津人尊称为“华七爷”的华世奎所书。作为当时华北地区最大的百货商场，“不到劝业场，枉来天津卫”一时成为美谈。但载振名为股东，却恪守祖训“不与庶民争利”，从不过问经营，只是按期取利。载振的孙女金婉茹认为，“他（载振）年轻的时候出使西方国家，对商业还是很有远见的”。不过，所谓“塞翁失马，焉知非福”，载振“不参与”的态度和小股东地位虽然让他少赚了钱，但同时也在很大程度上保护了他。不像大股东高星桥那样，不仅先后受到日本人和国民党的敲诈，最后还被扣上了汉奸的帽子，受了不少折磨和压力。

抗战胜利后，高星桥以汉奸嫌疑避居上海，公司由其子管理，业务一落千丈，负债累累。载振的股金也折价抵债，而银行存款也一折再折。如此一来，经济逐渐拮据，为支撑王府的架子，只好以变卖家中的古玩玉器来维系。一向奢侈成习的载振哪里经得住这般折磨，终于在 1948 年病故。

小恭王溥伟心比天高命比纸薄

奕訢一生宦海沉浮，三起三落，可以说是“宦海风波实饱经”。但这并不是唯一让他忧愁的事情，更让他心力交瘁的应该是家庭生活的不幸了——儿女多早殇，勉强活下来的也是难堪造就。他有四个儿子，长子载澂、次子载滢、三子载濬、四子载潢，其中三子、四子很小就夭折了。奕訢对子女很重感情，却偏偏一再遭受丧子之痛，怎不令他哀痛不已？

奕訢长子载澂，人称“澂贝勒”，受封为郡王衔贝勒，曾任内大臣和正红旗蒙古都统。载澂天资聪颖，自幼受到良好教育，喜读书吟诗，其弟载滢说他：“兄以皇孙之贵，秉光明俊伟之资，其习威仪，博材艺，精骑射……兄自束发受书，过目即能成诵。喜为诗，叉手而成。”或者是因为两个弟弟早殇，他又是长子的缘故，所以深受父母溺爱，以放荡顽劣驰名于晚清诸王子中。他曾于闹市中强抢良家妇女，该女子之夫惧其权势，最终竟然疯了。后来才发现此女也是宗室（皇族）女，论起辈分还是载澂的姑姑呢！载澂虽与同治皇帝君臣有别，但二人年龄相仿，又是亲叔伯兄弟，加上自幼在宫内上书房伴读，故二人气味相投，关系很近。载澂经常将民间的一些奇闻趣事描述给同治听。同治亲政后，常与载澂微服出宫，与他到娼楼酒馆宵游夜宴，寻花问柳。奕訢对于载澂的斑斑劣迹也有耳闻，却也无计可施，父子二人一直闹到了情断义绝的地步。据说载澂有病，奕訢不忧反喜，竟日盼其死。载澂去世时年仅 28 岁，因为是恭亲王长子，

载滢与溥伟

被赐予“果敏”的谥号。二子载滢为侧福晋薛佳氏所生，过继给奕訢八弟钟郡王奕詥为嗣，袭贝勒爵位。

可怜奕訢一世英武，临终之时身边竟然空空荡荡，好不凄凉。大丧之后，慈禧颁下谕旨，令载滢长子溥伟回归本支，嗣载澂后，承袭亲王爵位。溥伟生于1880年，本就一表人才，风度翩翩，年仅18岁就一跃而成为铁帽子王，比生父载滢的爵位高出了好几级，当真是意气风发。据说，溥伟十分看重道光当年赏赐奕訢的金桃皮鞘白虹刀，几乎须臾不离身。

恭亲王奕訢之女荣寿公主

戊戌政变之后，光绪被囚，慈禧训政，欲立端郡王载漪的儿子、15岁的溥儁为帝。1900年1月24日，慈禧太后颁下懿旨，以溥儁入继同治皇帝为嗣，赏头品顶戴，号“大阿哥”。慈禧原打算于庚子年（1900年）举行光绪禅位典礼，却因国内外各派势力的强烈反对而作罢。1901年，载漪因纵容义和团被认为是庚子事变的罪魁祸首而被革去爵位，发往新疆军台。其子溥儁亦因此被废除“大阿哥”名号。据说，当时慈禧还曾起意将光绪一同罢黜，有善于揣摩的人向慈禧建议，说小

奕訢之女荣寿公主（前排中坐着）与贵妃合影

恭王溥伟才干出众，是溥字辈宗室中的佼佼者。而慈禧当时只是付之一笑，未置可否。此“消息”被透露给溥伟之后，接续大统就成了这位年纪轻轻的铁帽子王爷难以言说的心病了。这或者可以算是溥伟与大清皇帝宝座的第一次擦肩而过。

1908 年 11 月 13 日，慈禧召军机大臣进宫议事，内容只有一个：选择大清皇位的继承人。溥伟心里暗自一合计：论功绩，自己的祖父奕訢为大清股肱之臣，一力推动洋务运动，在帝国风雨飘摇之际还一手创造了同光中兴的大好局面，可谓居功至伟；论血缘，自己是道光皇帝嫡孙，光绪皇帝的堂侄儿，绝对的天潢贵胄；论年龄，皇族近支溥字辈中自己年纪最长；论才智，自己更是不居人下，因此上认定这继承人之位十有八九是自己的了。据说在慈禧“夜半定策”的那个晚上，溥伟利用宫廷行走之职的便利，在宫中苦苦守候了一个晚上，却只等到了溥仪承继大统的结果。

后来，溥伟又听说载沣在听到慈禧宣布其为摄政王时叩头力辞，慈禧愤然道："如觉力不胜任，溥伟最亲，可引以为助"。溥伟的神经禁不住再度兴奋起来。可张之洞拟定的懿旨公布后，只有载沣任摄政王，此外别无其他。溥伟居然对张之洞愤然相责，为何懿旨中没有皇太后要溥伟助政之语？张之洞却只轻飘飘地说了一句："摄政王以下，吾等臣子均为朝廷助政之人，又安可尽写入懿旨？"事已至此，溥伟仍心有不甘，又在丧日之内大闹内务府。一份针对性极强的上谕即刻以宣统的名义颁布："钦奉大行太皇太后懿旨，军国政事，均由监国摄政王裁定，……嗣后王公百官，倘有观望玩违暨越礼犯分、变更典章、淆乱国是各情事，定治以国法，断不能优容姑息。"就这样，溥伟再次与帝位擦肩而过了。

但不闹归不闹，溥伟却一直对此事耿耿于怀，以致日久生疾，成为宗室笑柄。据说，某宗室曾私下嘲笑他："这是患的心病啊，恐非石膏一斤、知母八两不可。"另一个补充道："哪里，只须皇帝一个、江山一座足矣！"闻者无不捧腹大笑。正因如此，他在宣统一朝备受载沣一系的疑忌，再有能力也只能在禁烟大臣这样的闲差上打发时间而已。

武昌城内的一声炮响，将大清朝推向了绝境：退位还是不退位？御前会议上，众位宗室亲贵各持己见，难有结果，而溥伟则慷慨言道："有我溥伟在，大清不会亡！"后来的事实证明，溥伟倒真不是说说而已，只不过逆势而行的结果只能徒留伤悲而已。

在溥伟看来，"朝廷懦弱，不足与谋"，如何才能让大清不亡？他先是与肃亲王善耆等人组织"宗社党"，坚决反对清帝退位，对抗革命。随着宗社党主要成员之一的良弼被同盟会会员彭家珍炸死，皇室亲贵犹如惊弓之鸟，纷纷逃离北京。溥伟来到青岛，试图借助德国势力挽救大清于危亡之境，却遭到了德国人的婉拒。第一次世界大战爆发后，日军占领青岛，小恭王便转而将目标放在了日本人身上。在日军的支持下，他和善耆搞起"满蒙独立运动"，重建已被解散的宗社党，还在辽东一带召纳土匪，秘密组织"勤王军"，为复辟清室费尽心机。1916 年 2 月，溥伟在青岛期

小恭亲王溥伟

间收到了前陕甘总督升允自东京送来的密函，说其在日本联络上层力量支持复辟活动。溥伟大喜过望，遂和善耆加快了复辟步伐，预谋于6月中旬在辽南一带举事。谁知计划不如变化，6月6日袁世凯突然病死，日本政府随之改变了对华政策，将宗社党军队和蒙古骑兵解散，致使辽南举事落空。1922年2月善耆死亡，溥伟复辟清室又少了一大帮手。

溥伟又来到大连，日本方面由满铁出面接待。满铁名义上是一家经营东北铁路的日本公司，实际上是日本派驻东北的间谍机关。日本的很多对华政策，尤其是对东三省的政策蓝本多出自满铁。溥伟与当时的满铁总裁内田康哉过从甚密，据说此人曾向日本内阁建议，扶植溥伟在沈阳登基建立“明光帝国”。溥伟对此异常欣喜，甚至迫不及待地身着亲王朝服在日本警察、宪兵的保卫下拜谒沈阳的皇陵，祭奠列祖列宗。一时举国轰动，议论频出：有说溥伟拜谒祖陵是登基称帝的前奏，有说宣统皇帝尚在，此举无异谋权篡位。

而实际上这一切不过是溥伟的一厢情愿而已。谁做皇帝对日本更有利，日本便会让谁做这个皇帝。对于满铁的建议，日本军部认为溥伟年龄大、阅历广，不如溥仪好驾驭；再说，“宣统皇帝”怎么说也比“恭亲王”的名头更大更响吧。1931年“九·一八”事变后，溥仪在日本人安排下来到东北，并于1932年3月1日在日本扶持下成立伪“满洲国”——溥伟的帝王梦再一次破灭了。

溥伟和溥仪仅在溥仪登基大典之后见了唯一的一面，说的还是那句“有我溥伟在，大清不会亡”。第二日，吵着要来朝贺的溥伟，执意即刻回转大连。而溥仪也并未给这位以复辟大清为第一要务的恭亲王以任何实职。

想当年，溥伟离开北京时，虽然没有庆亲王奕劻那般富甲天下，但也算是财大气粗。据统计，恭王府内的古玩字画金银珠宝等不计，光房产土地就价值200万两白银。溥伟一心复辟大清，为了筹措经费，他先是从古玩字画金银珠宝卖起，又以土地作押，在日本正金银行借贷白银50万两，末了更是一跺脚，把恭王府也给卖了。

据溥伟长子毓嶦回忆，溥伟最初向西什库教堂的包士杰借了 4 万大洋。到当年年底结账，即便还不了也没关系，再借几千凑成 5 万。“如此年复一年，比利滚利还凶一筹，没几年，到年终结账，就欠债到了 20 多万现大洋。”“房子当然不止 20 多万现大洋，但是，府里还住着我的祖母和两位叔父，房产也不能由我父亲一人独自处理，处理的话也得分作三股才合理。于是我们家内部就产生了一场析产官司，也把这个西什库教堂告进去，这样的高利贷当然不合理。但法院对教堂也没办法，一切还是由包士杰说了算。”官司一直打了三年，三年中利息照算不误，欠款从 24 万滚到了 28 万。无奈之下，恭亲王溥伟只好妥协，结果是把王府一分为二，前边的房屋全部给教堂用来抵债，后花园中的所有房屋留给几个老人，但整个王府的土地权却归教堂所有，教堂每年还要向毓家收地租 300 大洋。有人骂溥伟败家子，想必溥伟一定十分郁闷：自己并非纨绔子弟，任意挥霍钱财去追逐享乐，而是为了大清的复辟大业呀。不过，在那些复辟狂人看来，溥伟“尽毁家业为大清”，简直就是“天潢贵胄的榜样”“旗人的楷模”，“要是多几个这样的王爷大清不会亡”……

溥伟耗尽了心力和财力，最后只落了个竹篮打水一场空。1936 年 1 月，溥伟已是贫病交加，而嫡福晋赫舍里氏却携大批私蓄离开溥伟回往娘家。忧急攻心之下，溥伟病死在新京（今长春）一家旅社里，终年 56 岁。溥仪特旨降诏：“追谥爱新觉罗・溥伟为恭贤亲王，由其子毓嶦承爵。”

爱新觉罗・毓嶦，号君固，1923 年 10 月 10 日生于大连。父亲溥伟死后，由于家中生活困难，毓嶦便前往长春追随溥仪，开始了长达二十年的“伴君”生涯。

毓嶦先是在伪皇宫内的私塾读书，当时有五个学生，学习汉语、数理化、历史课等。私塾里有一堂特殊的课是由溥仪亲自给上的，专讲雍正的上谕。雍正是溥仪最崇拜的皇帝，他最反对结党营私，溥仪给毓嶦他们上的第一堂课就是雍正的《朋党论》。溥仪反对结党几乎到了“谈党色变”的地步。伪执政时期，日本人要成立“协和党”，溥仪坚决反对，于是日本人把它改为“协和会”，虽然是换汤不换药，但溥仪就同意了。《朋党论》当然不能白学，那怎样才能表示毓嶦他们绝不结党营私呢？溥仪就让他们互相监视，对其他人的一言一行要随时向溥仪报告。毓嶦他们几个原本都是同族宗亲，相互之间却是非公事不言——都怕给打小报告。

虽然与溥仪名为叔侄，但在溥仪眼中，毓嶦不过是自己身边的一个奴才而已。据毓嶦后来回忆：“溥仪是一个既胆小又怕死的皇帝，疑心又大，人们常说伴君如伴虎，更何况是疑心重的老虎？他还时常打人骂人，做臣子的挨打不过是家常便饭。”有一次，溥仪得了痔疮，买了不少药。毓嶦那时还小，看到这种药很稀奇，忍不住随口说了句：“这药很像个枪弹！”这立即触动了溥仪的忌讳，“这不是咒我吃枪弹吗？”于是让人狠狠打了毓嶦一顿板子，打完还得向溥仪磕头请罪。还有一次溥仪有点感冒发烧，要避风。毓嶦一旁看报，当他翻过来看另外一版时，溥仪立刻“龙颜大怒”：“你不知道我在避风吗？用报纸在我身边扇风，是不想让我快点好吧？”毓嶦赶紧趴在地上请罪、磕头。在这种环境之下，毓嶦养成了对溥仪惟命是从的习惯。

1945 年日本战败投降，溥仪带着溥杰、毓嶦等人在沈阳机场被苏联军队俘虏，之后便被押往苏联，关进了收容所。可溥仪仍然放不下天子的架子，事事要人服侍，毓嶦和堂兄毓喦仍然充当着奴才的角色——叠被、收拾房间、洗衣服、做饭等等。但在毓嶦看来，“……在苏联当俘虏的岁月里，我们经历了很多，也成长了许多。”“以前觉得自己这一辈子都是溥仪的臣子，对他要尽忠尽孝。但是到苏联后，特别是首次接触了马列主义，才觉得自己的想法是多么的愚蠢无知，大家不是君臣，而是能够享受同等待遇的个体。我的思想开始慢慢有了转变……”

1950 年 7 月，苏联方面把溥仪等人移交给了中国政府，毓嶦随同溥仪开始了在抚顺战犯管理所改造的日子。1957 年 1 月 27 日下午，最高检察院的代表向毓嶦宣布了中华人民共和国最高人民检察院免予起诉书，35 岁的毓嶦终于告别了 12 年的囚犯生涯，恢复了自由。随后，毓嶦被下放

末代皇帝溥仪

到京郊农场，从事繁重的体力劳动。“文化大革命”中，他又不可避免地受到冲击，被遣返回辽宁老家10年。直到粉碎“四人帮”以后，毓嶦才得以平反并落实政策，再次回到了北京。此时的毓嶦已是年届六旬的老者了。

但是，老人十分乐观豁达，对于新生活充满了希望和热情，“过去的岁月，让我失去了荣华富贵，失去了显赫的地位，但我并不觉得可惜，它反而应该是我生活中的一大财富，我把它总结为自己的‘裕生’，富裕之生。”由于毓嶦幼年时代刻苦钻研书法，不管是在苏联流放，还是在抚顺关押，他都一直没有中断过。一手好书法使他成为颇具盛名的书法家，在日本、韩国、港澳及东南亚各国连续举办书法大展，每次展览都能引起不小的轰动。如今毓嶦已经快90岁高龄了，仍然精神矍铄，晚年生活充实、幸福而又温馨。

醇亲王载沣亲手送了大清最后一程

1908 年 12 月 2 日，故宫太和殿。文武百官黑压压跪了一片，行着三跪九叩的大礼。正中又高又大的宝座上，一个两三岁的孩子又哭又闹，挣扎着哭喊："我不挨这个。我要回家。"宝座下面跪着一人，一边用双手竭力让小孩不要乱动，一边不停安抚说："别哭别哭，快完了。"——这一幕场景发生在清朝末代皇帝溥仪的登基大典上，宝座下跪着的人正是溥仪生父、醇亲王载沣。所谓一语成谶，估计载沣说这话的时候怎么也不会想到自己居然扮演了大清帝国"终结者"的角色。

1. 末代摄政王无力回天

奕譞死后，因其长子、三子及四子均早夭，二子嗣位为帝，其王位遂由五子、年方八岁的载沣继承。

载沣（1883—1951）生母为奕譞侧福晋刘佳氏。含着金钥匙出生的载沣，年仅两岁就被封为"不入八分辅国公"，7 岁时晋升"奉恩镇国公"，8 岁时承袭醇亲王爵位，12 岁时赏戴三眼花翎，18 岁时受命为"内廷行走"，可谓一帆风顺。

1900 年，德国驻华公使克林德在乘轿前往总理衙门途中，行至东单牌

载沣

幼年时的光绪与载沣

楼时被端亲王载漪的虎神营士兵恩海开枪击毙。此事成为八国联军入侵的重要借口。事后，克林德事件遂成为议和谈判中的重要内容之一。1901 年，载沣奉命出使德国，为克林德被杀事件向德国皇帝赔礼道歉。对于 18 岁的王爷而言，这可是一项艰巨的任务。而德国人之所以选中载沣，原因即在于其地位显要——不仅贵为亲王，而且是光绪帝的亲弟弟——如此更能使德国人“涤垢雪侮”。在载沣到达德国后，果然就在觐见德皇的礼节问题上遭遇了刁难：迟迟不肯回复中方关于礼仪问题的德方直到载沣船只到达波赛之时，才发来一纸通知：“……德皇在白厅坐见，王爷行三鞠躬礼，递书，致颂。其参赞随同入见者，切照中国臣下觐君礼节叩首……”。跪拜本是典型的中国礼节，并非欧洲的常规礼节，德方用意十分明显，故意以此羞辱大清国。想当年英国特使马戛尔尼在乾隆年间来华之时，双方就

载沣赴法之前与香港总督合影

载沣在香港与法国军官及自己的随从合影

载沣前往德国道歉途中

曾因这个问题交涉良久。在马戛尔尼看来，双膝下跪是一种奇耻大辱，所以宁可无功而返，也不愿在礼节问题上让步。据说，当时的权臣和珅以外国人进化较慢，膝盖不会打弯为由说服了乾隆皇帝让马戛尔尼在首次非正式觐见时行鞠躬礼。自此，觐见礼节几乎成为中国外交纷争中的一个焦点问题。事关国家尊严，载沣当然不能认同这种做法，“宁蹈西海而死，不甘向德皇跪拜”。双方经过了 20 多天的交涉，终于达成了共识：呈递国书时只带荫昌一人作为翻译，免去跪拜礼，俱行鞠躬礼。9 月 4 日中午，载沣带着荫昌前往德皇行宫。觐见时，载沣向德皇威廉二世行三鞠躬礼，呈递国书，宣读颂词，荫昌也同行三鞠躬礼。威廉二世傲慢地坐受国书，发表答词也未曾起立。不过，避免了跪拜之辱的载沣感觉“大局保全，国体无伤”，当日即电告北京：“所有一切……俱臻妥协，堪慰哀念。”对于第一次走出国门的载沣而言，在这次外事活动中基本做到了有理、有利、有节，连本想羞辱中国的德国人也对其赞赏有加——“慎重外交，不辱君命”。载沣作风简朴，主动谢绝了国内各级官员所预备的高规格迎送礼仪，赢得了在华西方外交官和国际舆论的一片赞赏之声。作为大清国第一个出访西洋的亲王，这位年轻的王爷大开眼界，“举凡外洋风土人情，随地随时留心考察”，对所到之处的军校、军火企业、博物馆、电机厂、造船厂等俱都十分留意，细心询问，将一次谢罪之行变成了一次考察学习之旅。可以说，这位政坛新秀的初次登场，便给国内国际留下了一个完美的印象。而此次出访更对其摄政之后的作为影响颇大——他所表现出的宽容和豁达，是其祖先们根本无法想象的。而载沣本人对此次欧洲之行亦是刻骨铭心。在退位三年后，他曾偶然从旧书摊上购得《醇亲王使德始末恭纪》一书，阅后不仅感慨万千，在书的扉页上题下：“予于光绪辛丑年，使出洋已成陈迹也。兹于越十四载……世事沧桑，时虞变化，而今回忆十四年前，竟如一梦焉！”

早在载沣确定出使德国之时，美国驻华公使康格就曾经发出邀请，要求他出使时顺道访问美国，以促进两国友好。后来，日本、比利时等国也提出了同样的邀请。经请示慈禧，载沣曾定下了同时出访美、日两国的计划。然而，载沣在德国的事情刚办完不久，就接到了直接回国的上谕。此事在当时曾令中外舆论猜测不已。据说一方面是因为载沣在外水土不服，饮食减少；另一方面是因光绪帝婚后多年后嗣，且体弱多病，因此急于让载沣回国完婚，生子继承帝位。其实，这些理由不过是充充门面而已：慈禧不过是怕得罪德国。因为德国方面强调载沣是“专程”道歉而去的，如果绕道他国，就会被认为“有违专诚之意”。

不过，风传的让载沣成婚之事倒也不是空穴来风。载沣早先曾定过一门亲事，但姑娘一家却在八国联军入侵北京时殉难了。后来，载沣的生母刘佳氏又亲自为儿子定下了第二门亲事，并且已经放了大定，只待选择吉日迎娶过门了，而载沣本人对那姑娘也是十分中意。匆匆回国的载沣先是在 12 月 10 日受到自西安返京途中驻跸开封的慈禧的接见。12 月 12 日，慈禧又一次召见载沣。1902 年年初，自开封启銮北上的慈禧抵达保定，在此向载沣宣布了指定他同荣禄之女瓜尔佳·幼兰完婚的懿旨。荣禄曾在囚禁光绪、捕杀谭嗣同等事件中立下大功，随后即成了慈禧的心腹重臣，身兼北洋大臣、直隶总督等要职，在军机处领班多年。瓜尔佳·幼兰是荣禄的八女儿，机灵干练、泼辣好胜，连慈禧都敢顶撞。据说慈禧曾对荣禄说：“你的八妞儿很顽皮，谁都不放在眼里，连我都不怕。”慈禧此举可谓一箭双雕——荣禄是她的宠臣，瓜尔佳氏是自己的养女，一举便牢牢笼络和控制了两个当朝的显贵。载沣的生母刘佳氏为此气得精神失常，背地里不知道咒骂过慈禧多少次，但却只能是敢怒不敢言。据说在溥仪被接进皇宫的当天晚上，刘佳氏不但毫无惊喜，反而昏死过去，醒来后恨恨言道：“抢了人家的儿子不算，还要抢人家的孙子！”而载沣本人性格颇似乃父奕譞，虽然深感意外且不满，也只有接受的份儿了。当年 9 月，19 岁的载沣同比他小一岁的瓜尔佳氏举行了隆重的婚礼。因是太后指婚，所以一切礼仪远高于亲王仪制，接近于皇子的规格。

眼见载沣按照自己的安排一步步前行，慈禧无疑是极其满意的，似锦的前程于载沣也就是顺理成章了。1903 年春，载沣被任命为随扈大臣；1906 年，受命管理健锐营事务；同年秋任正红旗满族都统。1907 年，受

载沣与溥仪（站立者）合影

醇亲王载沣

命在军机大臣上学习行走，意味着其从此成为大清国最高机密机关的领导成员之一。随着长子溥仪承继帝位，载沣开始监国摄政，成为了大清国实际上的统治者。

载沣摄政后的第一件事就是以“足疾”为由，解除袁世凯的一切官职，让他回籍养病。载沣对德国之行印象最为深刻的便是其军制，曾在回国后即奏请设立贵胄学堂，专门为皇室培养军事人才。因此，其摄政后就立即着手依据德制创建禁卫军，自任军统；随后复设海军部，以胞弟载洵为大臣；再改革军制，设立军谘府（即仿照德国、日本的“参谋本部”制度，行使军队建设与调度、军事教育与军官任免、战略与情报分析等职责），以胞弟载涛为军谘大臣；宣统元年（1909 年），他代皇帝任全国陆海军大元帅，宣布统一全国军政大权。

如果从这些措施来看，载沣并不是毫无政见之人。然而，他大肆依靠

载沣之弟载涛

载沣之弟载洵

满洲亲贵，无形中加剧了皇族与汉族大臣之间的矛盾。而那些满族亲贵们又远没有他想象中那么好用。比如贵胄学堂的原意是为皇族抓军权而培养军事人才的，但那些亲贵子弟似乎都不是这块料儿。“而今贵胄列专科，功课平均嫖赌多。最有惊人可传事，也能唱得几军歌”，极近讥讽之事。据记载，这些王公贝勒或宗室子弟每日到堂还必须由教习派人去请，最多时竟要请上四五次才勉强到场；每日用餐人均七八两银子，一人一席，极尽丰厚精美，稍微不顺便飞盆掷碗，大加呵叱。学堂的总办、教习等也被视同奴役，任由阿哥们呼来喝往。

随着国内形势的日益严峻，载沣遂于1909年下诏重申预备立宪，令各省“切实筹办宪政”，务必在当年成立谘议局。1911年4月，载沣以监国摄政王的名义任命庆亲王奕劻为第一届内阁总理大臣，组织责任内阁，裁撤原有的军机处及旧内阁。5月8日，新内阁人选名单出炉，结果让人大跌眼镜：13名阁员中，满族9人，其中皇族5人，汉族仅4人——这个彻头彻尾的“皇族内阁”更加激化了各种矛盾。

1911 年 10 月 10 日，武昌起义的炮声使得清廷岌岌可危。生性懦弱的载沣无奈之下，只得再次起用被自己罢免的死对头袁世凯为内阁总理大臣，全权组阁，同时自请卸任，结束了自己的当国生涯。从此之后，载沣在中国政治舞台上基本销声匿迹，一心一意躲在府中颐养天年。几个月后，孤立无助的隆裕太后无奈之下只得代表小皇帝颁布退位诏书，终结了大清朝的统治。不知载沣忆及三年前无心而言的“快完了”的话，心中是何感想？

美国学者恒慕义认为：“载沣几乎毫不具备做摄政王的一切必要素质。他无力节制他的兄弟和其他王公显贵，他被迫授予他们政府高位，而不考虑他们的能力。因此，他失去了许多有才干的汉族官员的支持，否则这些汉族官员在 1911 年的革命爆发时本会站在他的这一边。”载沣胞弟载涛也曾这样评价他：“遇事优柔寡断，人都说他忠厚，实则忠厚即无用之别名。做一个承平时代的王爵尚可，若仰仗他来主持国政，应付事变，则决难胜任。”皇族中更有很多人认为他庸碌无能，只是一个窝囊书生，毫无政治才能，不配做摄政王，大清的江山就是断送在他们兄弟父子手中。或许，载沣的性格确实不适合执掌国政，但这一切都由不了他。命运一手将他推上了摄政王的宝座，可惜大清国积重难返、气数已尽，并非某个人就能力挽狂澜的。当国的三年对于载沣好比一场煎熬，否则他不会在卸任后一脸轻松地对福晋瓜尔佳氏说：“从今天起，可以回家抱孩子了！”

2. 醇亲王家族最后的奋斗

中国有句古话，叫做“打虎亲兄弟，上阵父子兵”。载沣做了监国摄政王之后，面对复杂的政局，为加强皇权，迅速将自己的两个亲弟弟载洵、载涛都提拔到了领导岗位。

爱新觉罗·载洵是奕譞第六子，1889 年晋辅国公，次年又晋镇国公。1902 年袭贝勒，1908 年加郡王衔。1909 年，载沣任命载洵和海军提督萨镇冰为筹办海军大臣，负责设立筹办海军事务处。载洵虽然什么都不懂，

载洵在国外考察军事

但萨镇冰则是一位学识渊博、经验丰富的海军名将。他是中国第一所海军学校——福州船政学堂第二届驾驶班的毕业生，也是中国近代第一届海军留学生，曾作为舰长参加过甲午海战。战后出任北洋舰队的帮统、统领，并总理南北洋海军，是海军重建的主要人物。

在中日甲午战争中，大清海军几乎全军覆没，一度一蹶不振。日俄战争之后，随着清政府国防和海权思想的发展，发展海军再次受到重视。1905 年，清政府批准将南北洋海军合为一军，统归北洋海军广东水师提督统领。1907 年，整合旧有舰队和筹措经费重振海军的长远规划出炉。作为大清国最后一位筹办海军大臣，22 岁的载洵甫一上任，立即雄心勃勃地宣布了一个海军发展七年规划：前两年整顿各洋旧有各式兵轮，以此为基础，在之后的五年里，添造头等战舰 8 艘，巡洋舰 20 余艘，各种兵轮 10 艘，编制第一、第二、第三各队水鱼雷艇；编定北洋舰队、南洋舰

载涛、载洵兄弟

队及闽省等各洋舰队；成立各洋军港和船坞；设立海军大学，等等。清政府很快就批准了这一计划，并根据载洵等的建议，令各省分筹开办费1800万两。

自载沣当年出使德国、开了清代王公贵族出国的先河以来，出国考察并学习借鉴风行一时。载洵当然也不例外，1909年10月16日，以加快海军重建工作为名，率领萨镇冰以及精挑细选的23名年轻的海军军官和海军学生从上海出发，赴欧洲考察各国海军发展情况，学习制造军舰和炮械技术。

载洵一行先来到意大利、奥地利，在意大利订造了一艘约1000吨的炮舰，命名为“鲸波”；在奥地利订造了一艘2000吨的特快驱逐舰，命名为“龙湍”。11月，载洵抵达德国，受到了德方的高度重视。德国方面不仅派出高级官员前往火车站迎接，并一路安排武装警察保护，护送他们下榻最高级的波里斯特饭店。德皇还特意派出皇家马车，接送载洵一行考察德国的船厂、炮厂及海军各机构。载洵在此订造了三艘各700吨的驱逐舰，命名为“同安”“建康”“豫章”。此外，还订造了两艘各400吨的钢甲平底炮艇，专供长江上游之用，命名为“江鳗”“江犀”。按照原定的行程，载洵离开德国后的下一站应前往法国。法国方面为了表示对这位王爷的欢迎，特意电告中国驻德公使荫昌，打算授予载洵一枚二等勋章以示友好。谁知载洵得知后，老大帝国的意识一下子就冒了出来：我一个堂堂大清国王爷，只授给一个二等勋章，岂不有失身份？遂令荫昌发电报给驻法公使，借口行期太短，无暇访问，取消了法国行程，转而直奔英国。在英国，载洵参观了著名的皇家海军学院，并在英国订造了两艘各3000余吨的巡洋舰，命名为“肇和”“应瑞”。在访问俄国之后，载洵一行乘火车经由西伯利亚返回。此次欧洲之行历时三个月，学到了不少海军建设的经验，倒也算收获颇丰。

载洵一行在欧洲的动向立即引起了美国政府的高度重视，试图也从中分一杯羹。因此，载洵甫一归国，美国政府即通过驻华公使馆邀请他立即访问美国。因当时陆军大臣载涛出访的计划已经确定，故载洵于1910年9月才抵达美国。时任美国驻华公使的嘉乐恒认为，英国和德国公司获得订单系载洵对“其个人所受礼遇的一种回报”。因此，载洵一行在美国的访问受到了隆重的接待。在美期间，载洵使团考察了旧金山、纽约、波士顿等地的造船公司、钢铁公司及海军造船厂。塔夫脱总统亲自接见并陪同载洵观看骑兵操练表演。1910年12月，清政府向纽约造船公司订造了一艘2600吨的巡洋舰——“飞鸿”。在美国的行程结束后，载洵一行即启程前往日本，向长崎三菱造船所定造了炮舰“永丰”，向川崎造船所定造了炮舰“永翔”。恰在此时，国内爆发了辛亥革命。载洵满腔的宏伟大计顷刻就随着大清朝的覆灭而付之东流了。袁世凯就任民国大总统后，宣布承认一系列条约和协议，认同载洵一行在日本的订舰协议。北洋政府向英、德、美、日、俄五国银行借款，垫付载洵向各国订购舰船之款项。1913年，永丰舰完工，运抵中国后被编入北洋政府海军。1915—1916年，“永丰”

舰响应孙中山先生的号召，参加了护国运动、护法运动等。1925 年，为纪念孙中山先生，永丰舰改名为“中山舰”。

载洵一行出访欧、美、日，考察各国海军，其规模之大、范围之广、历时之久、规格之高，在清代海军的历史上都是空前绝后的。这次出访考察，不仅为中国培养了一批优秀的海军人才，他们中有许多人后来成为海军内外的知名人物，如著名抗日将领、海军第二舰队司令曾以鼎等，还有中国海军的第一代航空专家巴玉藻、王助、曾治经等。同时也为海军组织机构的建立和完善提供了可资借鉴的经验。载洵在英国曾见到过一支既像海军又似陆军的部队，即英国的海军陆战队——“海军警备队”。在他的建议下，清政府于 1911 年在烟台东山组建了中国海军的第一支陆战部队——海军警卫队。

清室覆亡后，载洵将位于北京西四北大街的原府出售，移居天津。抗日战争期间，载洵坚持气节，拒绝到伪“满洲国”任职。1949 年在天津病故。

3. 老好人载沣摆不平末日的皇族内争

就像其父老醇亲王奕譞一样，继承了铁帽子王爵位的载沣尽管成为了大清朝的摄政王，但他显然无法与王朝初年的摄政王多尔衮相提并论。都说性格决定命运，后来的事实表明，载沣之所以无法力挽狂澜，很大程度就是因为他的性格。

在许多人的眼里，载沣是一位性格温顺平和的王爷，既无远大的政治抱负又缺乏高超的政治手腕。甚至毫不夸张地说，这位王爷尽管成为王朝末年实际上的当家人之一，但他对政治根本就不感兴趣。想当年，他的父亲醇亲王奕譞因为儿子成了光绪皇帝，一生都在提防着慈禧太后的猜忌，韬光养晦。而就在这样的家族环境中，载沣从小跟着父亲谨小慎微地生活，也养成了怯懦畏缩、没有主见的性格。

可笑的是，载沣上台执政后，还来不及考虑国家大事，就不得不先把

清末内阁——西方人制作的明信片

载洵（左三）、载涛（左五）等王公贵族合影

大量精力花在了处理家族矛盾上。据说他的两个弟弟载洵、载涛倚仗着太福晋的支持，经常提出各种要求，载沣也不得不满足他们。例如载涛因曾游历西洋，主张大借外债兴办新式海陆军，并主张剪辫。载沣的族兄载泽，因和载洵、载涛兄弟不合，又仗着自己是隆裕太后的姐夫，把度支部尚书兼盐政大臣的肥缺搞到了手，趁机中饱私囊。广东道御史胡思敬两次参劾两广总督袁树勋贪腐，举证的两处赃款都涉及载泽。奏折上去的第二天，载沣就召载泽入见，把奏折递给他看，载泽供认不讳。结果载沣竟说："既然确有此事，就不必交查了。"载泽走后，以为载沣肯定要处分自己，惴惴不安。可过了好一阵子一点消息都没有，原来载沣竟真的将奏折搁置不办。正是由于载沣的放纵和乏力，使得许多满族亲贵任意胡来，大大破坏了政治风气。

载泽

清末出台的“皇族内阁”

不仅如此，载沣身为摄政王，对于当时皇族内部的派系之争也无计可施。当时的形势是这样的：庆亲王奕劻、载振父子一党；贝勒载洵出任海军大臣，兼办陵工，党羽毓朗、载搏担任了训练禁军大臣，合为一党。兄弟载涛见载洵抓起了兵权，恐怕自己失势，缠着哥哥载沣不放，不拿到官帽子誓不罢休。载沣没办法，只好派载涛管理军谘府。载涛又侵夺陆军部实权，和满族将军良弼等结为一党。溥伟自恃是道光长孙，身份特殊，和宗室诸王和贝勒都合不来。他向载沣力争，载沣只好任命他为禁烟大臣，权力在诸王之下。肃亲王善耆原本管理海军，被载洵夺权后，占据民政部，兼管警政，为一党；载泽把持财政全权，创设监理财政官、盐务处，为一党。载沣不能制止。而他的福晋联络荣禄余党，收受贿赂，载沣更制止不了。朝野议论纷纷，都说庆党贪鄙、肃党龌龊、贝勒党浮薄、泽公受人拨弄。

当时，庆亲王奕劻父子本来就名声不好，皇族中许多亲贵要求对其进行打击。载沣原先也对奕劻很不满，但在自己上台后，却因与隆裕太后的矛盾激化而打消了排斥奕劻的念头。为了拉拢奕劻以防隆裕太后，载沣反而对奕劻优礼倍加，后者因此摇身一变成了内阁总理大臣。载沣对奕劻的态度使亲贵中的各派势力十分不满，尤其是载泽一党，与奕劻更是势不两立。而载沣又视载泽为亲信，令其掌管度支部，掌握财政大权。载泽眼看奕劻揽权纳贿危及清王朝统治，可又扳不倒他，又因载沣对奕劻的态度，使载泽在和奕劻的明争暗斗中，失败的总是载泽，这自然使载泽愤愤不平。至于颇有影响的肃亲王善耆，与奕劻也是宿敌。但到了宣统朝，却因与载沣兄弟产生矛盾而遭到排斥，最终连民政部大臣也给撤了。

总之在慈禧死后，清朝皇族内部的极端混乱局面将载沣置于一种十分尴尬的境地。由于对皇族内部的权力倾轧毫无应付之法，最终他只能眼看着王朝一步步走向覆灭。辛亥革命爆发后，随着袁世凯复出，载沣被解除了摄政王的头衔。有趣的是，这位王爷反倒长长舒了一口气，说终于可以回家抱孩子去了。或许，这样的结局对他而言不失为一种解脱。

1.
2.
3. 4.
5. 6.
7.
8.

第六章

天潢贵胄在民国堕入了民间

八大铁帽子王的结尾令人唏嘘

与大清开国之际的各位王爷相比，爱新觉罗皇族的末代子孙们就显得格外不堪了，虽不敢说一代不如一代，但也算得上是一条下坡路走到头了。谈到这一现象，恐怕礼亲王这一大支系就是典型的例证了。

尽管子孙们有如此多的磨难，但与清朝初年其他皇族支系比起来，代善的家族仍是最幸运的。

1884 年 4 月，慈禧太后突然发布上谕，以中法战争期间“萎靡因循”的罪名，将以恭亲王奕訢为首的军机大臣整套班子全部罢黜，并停奕訢亲王双俸，命他退居二线回家养病，其共事者翁同龢、李鸿藻等也一并罢黜。与此同时，慈禧任命礼亲王世铎主持军机处，庆郡王奕劻主持总理衙门，这次政治风波，便是著名的“甲申易枢”。随着世铎成为首席军机大臣，礼亲王家族表面上也风光一时。然而在实际上，慈禧太后之所以选中世铎代替奕訢，不过是因为这位王爷毫无个性，比后者更好控制。

世铎（1843—1914）是代善九世孙，1850 年袭爵礼亲王。同治年间授内大臣、宗人府右宗正、宗令。1884 年担任领班军机大臣，并在这个位子上一呆就是 17 年。卸任后又曾在 1911 年任皇族内阁弼德院顾问大臣，也算是四朝元老了。但是纵观其一生的作为，似乎只有在长寿方面堪与祖先代善相比。据史料记载，礼亲王世铎素以贪财好货以及无能著称，虽然

大太监李莲英

他身居首席军机大臣的高位，但却尸位素餐，“性耽安逸，每日入直最晚，散直最早”，遇事“一味模棱，毫无措置”，“从不自出一谋，但观望徘徊”，而“终身无疾言厉色，对内侍尤恭谨”，故宫内左右争誉其贤。最令人哭笑不得的是，这位王爷还在皇族中以最没有架子闻名。据说即使太监李莲英依礼节向他下跪，他竟也还跪以报，一时还传为笑话。世铎不但懦弱无能，还老迈昏庸。例如皇族中的一些晚辈从欧洲游历回来后，世铎见面居然问道：“洋鬼子的国家也下雪吗？”听者掩口而笑，回答说：“中国与外国同处一个天地之间，所以都有风霜雨雪。”世铎听后默然无语。试想，让这样的人物当政能有什么作为？

1913年，世铎去世。按照皇族规定，紫禁城的小朝廷册封他的小儿子诚厚为礼亲王。这位王爷更绝，他常年居住在远离内城的蓝靛厂。原来王爷对生物、动物学有很大兴趣，酷爱养长虫、刺猬、猫头鹰等物，因此被人们背后他为“疯王爷”。1917 年，诚厚去世，因其无后而由弟弟诚堃继承爵位。这时礼亲王府已如其他大多数皇族一样没落了，诚堃为了生计还不得不将王府租给华北学院。诚堃于 1929 年去世，之后其子濬铭袭爵，建国初逝世，其后裔现在北京。

礼亲王家的末世王爷们再不济，总算还能在官场上露回脸，单论这一点，就要比克勤郡王和顺承郡王家强。

1910 年，也就是清王朝垮台的前一年，末代克勤郡王晏森继承爵位。这位王爷据说长相奇丑，脸长嘴小，当年溥仪初次见他时竟被吓了一跳。由于克勤郡王家的家底本来就不算厚实，此时又赶上改朝换代，结果整个家族很快就败落了。由于晚景凄凉，关于这位王爷后世了解的并不是很多。据老辈人讲，克王家对待看坟户是最和善的。那时候王府对看坟户要求极严，一石一木均不可随意使用、买卖。但是克王一门则不然，晏森就曾对看坟户说：“缺钱了，就砍两棵树活着，别多砍就行。” 实际上，这位王爷自己就是这样做的。当年王府败落后，晏森就干脆把克勤郡王墓地的树木和砖瓦石料全卖了。由于不会过日子，变卖家产也难以维生。到了最后，堂堂的铁帽子王居然被逼无奈去卖苦力，沦为与骆驼祥子一样的洋车夫。关于这一破天荒的新闻，1931 年 9 月，北平好些家报纸都进行了跟踪报道，标题就是“铁帽子王拉洋车”，着实吸引了不少眼球。而社会上也因此戏称晏森为“车王”，就连他家的祖坟都受牵连，被民间称为“车王坟”。更令人感慨的是，当年日子稍好的溥仪听说了晏森的囧事后，为了维护爱新觉罗皇族的体面，曾开恩赏赐过他一些大内珍宝作为救济。却不料这位不争气的“车王”居然转手就把这些玩意儿低价变卖，然后拿着钱去吃喝嫖赌了，气得溥仪直跺脚。由于下场实在潦倒，以至于这位末代克勤郡王具体是哪年去世的都没有人知道。

而说到顺承郡王一脉，其后代就更加沉寂了。虽然在所有铁帽子王中算是最没有发言权的，但或许正因如此，这个家族的日子倒也过得平平安安，在整个大清朝都保持了稳定，没有大的变故。所谓稳定压倒一切，只有稳定才能谋发展。两百多年间，顺承王家不声不响地积累了大量的财富。有趣的是，据顺承郡王的后代常瀛生老先生回忆，雍正年间，清廷用兵西北，他的先人在战役中打了败仗，雍正皇帝一怒之下将已升为王爷的勒克德浑削爵为民，并责令他赔偿白银万两。可怜王爷将家中变卖一空，最后连沈阳的房产、辽阳和本溪的封地皆典卖出去。北京周口店甘池村的故地只剩下狭窄的一小块墓地。就这样，也只完成了皇帝责令赔偿的不到一半，经众王公大臣讲情，雍正才勉强罢休。从此，顺承郡王家变成了赤贫阶层，在老北京人心中留下了“穷王爷穷王府”的印象。而实际上，直到王朝末期的光绪、宣统年间，第十五代顺承郡王纳勒赫（1880—1917）每年的各项收入加起来还有上万两银子。王府还有三十万亩庄园地，分布在京郊和东北，仅定兴一县就有庄地八万亩，可收取大量田租，堪称铁帽子王中最富有的家族之一。但是随着王朝的覆灭，一方面由于各项收入来源相继断绝，另一方面也由于极不善于理财，结果泼天的家业很快就荡然无存了。说起来，纳勒赫虽然先后担任过“鸟枪管理大臣”、阅兵大臣、禁烟大臣、镶黄旗都统等职，不过当年最风光的恐怕就是娶了慈禧太后的侄女了，另外还曾得到老佛爷赏赐的御笔“寿”字。

进入民国后，由于顺承王家迅速败落，以至于成为当时老北京城顺口溜调侃的对象：“锦什坊街怎么那么长，里头住着穷顺王。王爷的衣库和合当，王爷的膳房富庆堂。”原来，顺口溜中说的穷顺王指的就是顺承郡王，锦什坊街是指顺承王府西侧门开在该街，和合当是开设在锦什坊街路东的一家当铺，富庆堂是开设在锦什坊街路东的一家饭庄。那时顺承王家这家常将衣服送到当铺去换钱，偶尔到富庆堂饭庄买个菜以打牙祭。

1917 年纳勒赫病逝，因其无子，经过多方协商，皇族选定其堂兄常福之子、六岁的文葵（1911—1992）承袭爵位，这便是末代顺承郡王。文葵号仰辰，出生在东四七条，其生父常福光绪时曾被派往日本留学，回国后在总理各国事务衙门工作。文葵承袭顺承郡王爵位的时代，大清朝已经不复存在了，不过他却是伪“满洲国”成立之前最后一个真正袭封的王爷，故而被称为清代“事实上最后一个王爷”。

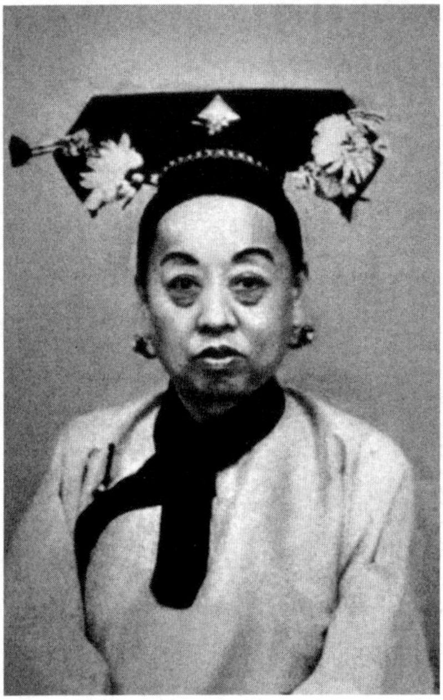

清末克勤郡王晋祺福晋

清末克勤郡王晋祺格格

那时，末代顺承郡王文葵虽然有了铁帽子王的爵位，却已经没有了俸禄，王府原来的收入也基本丧失殆尽。幸亏在此前的宣统元年，隆裕太后经与摄政王载沣商议，下旨将原属朝廷所有亲王、郡王、贝勒、贝子们的府邸赏给个人所有，这才使他们有了最后的一点生存资本。文葵成为顺承王府的主人后，为了维持一大家子人的生计，先是将王府的房产契据抵押在东交民巷的法国东方汇理银行，作为息借贷款的偿还物，后又将王府租给皖系军阀徐树铮。不久奉军攻入北京，王府被汤玉麟当作战利品接收。1920 年，奉系军阀头子张作霖进京后，同样相中了顺承王府，便毫不客气地将这里作为自己在北京的帅府。结果文葵不但拿不到房租，眼看房产也要白白丢失。无奈之下只好找到贝勒爷载涛，请他出面说合。最后，由京师警察厅督察长李达三、载沣的管家张彬舫和贝勒载涛三人从中作保，张作霖出价 75000 大洋，算买下了顺承王府。而吃了哑巴亏的文葵，只好用这笔款子在鼓楼王佐胡同买了一所房产住进去，余款则存入银行，坐吃山空。到后来，由于顺承王府在定兴县的庄地也被“旗产管理局”全部卖光，文葵就基本失去了所有的经济来源。虽然一度有人介绍他到民国政府中做事，但他却坚决拒绝。“九·一八”事变后，随着溥仪在日本人的扶持下建立了伪“满洲国”，文葵怀着侥幸心理于 1935 年前去投奔“皇上”。凭着铁帽子王的资格，他曾在那里当过一阵炮兵少尉，不过到了却发现所谓的“恢复旧朝”不过是自欺欺人的幻想。1938 年，年纪轻轻的顺承郡王便返回北平，从此闭门谢客，不问世事了。为了谋生，他开始一门心思跟随堂兄溥雪斋学习绘画。建国初期，文葵始终蜗居在家，保持低调的生活，其生活来源便是画些不署名的书签、贺年片出卖，以此糊口。如他本人所回忆：“从此，我以画书签、年片为生，不署名，画一百书签十块钱，我是与人无伍，与世无争，不参加任何活动，‘冠盖满京华，斯人独憔悴’。沾官气者敬鬼神而远之，天上地下全躲着……”

尽管如此，在大动乱的年代里，末代顺承王也没有获得真正的清净。一次偶然的机会，他的身份被人发现了，于是不得不加入地方政协，开始硬着头皮参加一些社会活动。1958 年，文葵被请到国画厂工作，薪酬优厚，还有稿费，其妻原在刺绣厂工作，后因病回家帮助他画画，儿子则分配到国营 738 厂工作，经济状况有了很大改善。或许是感念新政权的恩德，在大跃进的热潮中，文葵还热心地将银质顺承郡王封册捐献给东城区政协。对于这位经历了剧烈历史变迁的大清铁帽子王而言，那段时期或许是令人欣慰的，以至于他后来曾感慨万千地说：“所以 1960 年选我为东城区政协委员，开会参观、义务劳动、扫盲、给工读学校画画，……我靠画贺年片、书签生活，自食其力，澹泊清净，不争名利。有人问我经过几个国旗？我说经过四个国旗，有清朝的龙旗、五色旗、青天白日满地红旗和五星红旗”。1961 年，文葵被选为东城区政协委员，但除一些政协的活动外，极少外出，只在家画画，基本上是过着隐居生活。然而即便这样，他依然未能逃过文革劫难的冲击，也吃了不少苦头。多年以后，当一切重归平静时，老王爷唯一庆幸的便是：“多亏把银册早在大跃进年代交了，保存在

清末顺承郡王讷勒赫

清末顺承郡王讷勒赫福晋叶赫那拉氏，慈禧太后的侄女。

北洋军阀张作霖

文物局里，否则文化大革命抄家时抄出来，非要了命不可。”“文化大革命”结束后，这位老人总算苦尽甘来，恢复了区政协委员的名誉，由此进入人生当中最平静的一个阶段。1990 年北京举办亚运会期间，他曾向大会捐赠了两幅山水和一幅书法。1992 年 12 月 23 日，末代顺承王文葵与世长辞，享年 84 岁。他不但是大清朝最后一位王爷，也是最高寿的一位王爷。

“端华出了这事以后，等于封号就给别人了，王府也给人家了，以后封的郑亲王还是属于济尔哈朗一支的，但是哪一支我就不知道了。我们都不感兴趣，因为跟我们没有太近的血缘关系，就是顺着辈分一查，可能是济尔哈朗几个儿子中的另外一个儿子，那跟我们隔着七八代八九代，血缘越来越远，没法儿再跟人家续。跟我们家完全没有任何关系。”郑亲王家的后人毓旗回忆道：“我爷爷说听他们老一拨儿的讲，当时我们郑王府一开始还没有给抄家，一开始说叫革退，就是革去爵位么，按当时规定世子还可以降几级，当时是降为辅国将军、辅国公等等，但是家产也封了一段时间。革退这个爵位之后呢，家族很快在朝中就没有地位了，没人愿意理，宗人府的人也不会给你好脸色。主要是几个妇道人家撑着这家里，家里没有脊梁骨，这期间很多人去家里勒索，被人勒索了一大堆。……我们这一支赶紧就跑了，老娘们带着第四个儿子悫善，没等抄家就都走了嘛。”1862年，朝廷下令由郑亲王的另一支后人岳龄（1849—1866）承袭不入八分辅国公的爵位，两年后又格外开恩恢复他们家铁帽子王的爵位，由与端华他们家血缘关系更近的承志（1843—1882）承袭。然而尽管一再小心，承志也没有逃脱1871年再度被革爵位的命运。之后承袭郑亲王爵位的是与端华同辈的庆至（1814—1878），庆至之后是其儿子凯泰（1871—1900）。总的看来，在大清朝最后一段时期，郑亲王家的后人始终战战兢兢。而由于遭受了沉重打击的缘故，这个铁帽子王的地位已大不如前了，更多时候只能充当皇室的边缘角色。

1900年义和团闹得正凶时，倒数第二代郑亲王凯泰一病不起，时年仅30岁。不久后，他的遗腹子昭煦出生。1902年9月，照煦承袭爵位，成为末代郑亲王。作为一名平庸无为的末代王爷，昭煦的一生几乎没有什么亮点。回顾他的一生，或许只有两件事值得一提：7岁那年过生日和1922年宣统大婚时充当“副天使”。而除此之外，他的主要业绩似乎就是变卖祖产以维持家族的生计。特别是在进入民国后，随着前清时期拥有的许多特权丧失，各家王府也基本没有了可靠的经济来源。而另一方面，一大家子人都要吃饭，而且还要维持所谓的排场。所以在变卖了家中值钱的古董首饰后，就只能卖房子卖地了。

1918年，被逼无奈的昭煦以2500元的价格把郑亲王府祠堂的建筑物卖给了旁人，但也只是杯水车薪。几年后，走投无路的他又以郑亲王府做抵押向西什库天主教堂神父包世杰借款十余万元。但是眼看还款日期临近，毫无“吸金”能力的末代郑亲王却只能唉声叹气。1925年6月，鉴于昭煦无力归还借款，西什库教堂便把其告上法庭，要求收取王府房地产抵债，而郑亲王府也被京师地方审判厅查封。幸运的是，正巧刚刚创办不久的中国大学想购置新校舍，在得知郑亲王府后裔与天主教堂的债务纠纷后，校方抓住这一机遇从中调处，以现款买下郑亲王府，然后用这笔款项抵偿债款全额。此后，由 4 名校董担保，学校向比利时营业公司借款 15 万元代还债务，结束诉案。和解契约订立后 11 天，京师地方审判厅发布公告："为布告事，本厅执行天主教堂包士杰诉昭煦债务一案，当将债务人昭煦二龙坑口袋胡同郑亲王府房查封拍卖。由债权人买留在案。兹经说合，由中国大学代昭煦将该房产赎回，归中国大学拍卖。除应填发拍卖书据外，自布告后，完全为中国大学所有，不与昭煦相干，亟应派吏前往将该房产典交于中国大学管业并将以前之封示撤销。仰各遵照勿违，特此布告。"毕竟还是中国同胞厚道，为了妥善安置末代郑亲王，中国大学特聘昭煦为校董。就这样，中国大学取得了郑王府和花园共九百余间房屋及八十余亩地皮的所有权。此后该校又将郑王府修缮一新，正式迁入王府新址。

然而，中国大学校董的差事毕竟仍旧无法养活一大家子人，也无法保证铁帽子王早就习惯的高品质生活。在把王府卖给中国大学后，眼看实在没有了来钱的道儿，昭煦居然另辟蹊径，将目光转向了祖坟。

按理说，即便对于寻常老百姓，祖坟在后代心目中的地位都是非常神圣的，容不得半点儿怠慢。作为堂堂铁帽子王家的祖坟，无论是占地面积还是建筑形制乃至陪葬物品，都仅次于皇家水平。可是既然大清的江山都覆灭了，子孙们连吃饭都成了问题，想必祖先们也会原谅后代的"败家"行为的。

昭煦先是眼看着祖坟上一大片参天的古树，白白长在那里实在可惜。据记载，郑王坟地上的古树以马尾松和红松为主，还有杨柳榆槐等柴树，有的大树三四个人都抱不过来，直径在一米以上的有几百株。1926 年，昭煦以家族主人的身份把这里的树卖给了木厂，他叔父乐泰不愿意要钱，放树时便在每个王爷坟旁象征性地留了四棵树。经过这场折腾，原先气势非凡的郑王坟只剩下了几十株白果树。或许是从中尝到了甜头，第二年，

郑亲王后人恒敬

昭煦又将祖坟上的驮龙碑和砖瓦石片卖给了少帅张学良。据说当年东北军前来拆除王爷坟时，还布置了岗哨。更可气的是，1931 年，有人在郑王坟盗墓时被抓了个现行，谁知一经审问居然是郑王府的本家，很可能就是昭煦指派的。既然自己后代都这样丧心病狂，旁人就更不客气了。因此在后来，郑亲王家的祖坟曾多次被盗。到 1949 年，面临又一次改朝换代，郑亲王的后人干脆公开来了一次“起灵”，对祖坟来了一次彻底清理，就连青花瓷的骨灰罐都卖给了文物收购部门。1950 年，末代郑亲王在穷苦潦倒中去世。临了，还是另一位郑王后人晏煦花了十几块钱，另外购买了八个穴位，将祖先的骨殖迁移到那里。

末代庄亲王堪称 “戏王之王”

庚子年遭遇的那场大灾难瞬间改变了庄亲王家族的命运。八国联军一把火烧掉的不仅仅是昔日豪阔的庄王府，还彻底毁掉了这家铁帽子王的气数。当载勋被慈禧太后勒令自尽后，他的弟弟载功（1957—1919）虽然得以在两年后承袭爵位，但好日子却再也回不来了。王朝末年，载功虽也曾担任总族长、内大臣等职务，但毕竟连自家王府都被毁了，哪里还有能耐重整旗鼓呢？所以在整个家族的影响力急剧下降的背景下，载功也不可能有什么惊艳的表现。或许他唯一值得铭记的是，在辛亥年冬至，当革命党人在武昌的起义已经胜利，并一步步逼迫大清皇帝退位之时，自己替年幼的宣统皇帝在天坛代行了祭天礼。

1915 年正月，58 岁的载功去世，谥号为“恭”。好在那时溥仪的小朝廷还在，因此载功的儿子溥绪（1882—1933）1916 年被册封为庄亲王，虽然这铁帽子王已名不副实，但起码名头还能得到民国政府的承认。遗憾的是在改朝换代后，铁帽子王们原本享有的种种特权荡然无存，主要的经济来源也断了根，因此这末代庄亲王溥绪生活那真是非常艰难。无奈之下，就像其他各家铁帽子王的子孙们一样，他也被迫干过卖房子卖地甚至卖祖坟树木换钱的事。只不过这些一次性的收入如果放在普通老百姓身上还可以，对于这些昔日的金枝玉叶而言就只能是过眼烟云了。要想谋个长久之计，恐怕还得干个正经营生。可堂堂的铁帽子王既不会种地又不会经商，

清末庄王府内景

怎么办呢？不曾想穷困潦倒的境遇，反倒成全了一段文艺圈的传奇。

有意思的是，或许是老祖先遗传的文艺基因突然爆发，就像第三代庄亲王允禄一样，末代庄亲王溥绪也是一位天才的戏曲家，后来干脆捧起了梨园行的饭碗。进入民国之后，为了谋生，溥绪不得不发挥自己的特长，成为一名专业编剧。或许是怕给老祖宗丢脸，他干脆隐去了爱新觉罗这个皇族姓氏，改名叫庄清逸，号清逸居士。

庄清逸自幼就酷爱京剧，并且能登台演出，善演文武生，尤其饰演《拿高登》中的高登和《狮子楼》中的武松更是拿手绝活。他熟谙梨园掌故，

京剧名家尚小云

家中收藏了大量南府、升平署剧本档案和梨园旧抄本，曾撰有《南府之沿革》一书。民国初期，他先是为京师各报撰写剧评，后因生活日益窘迫，干脆专事戏曲研究，为京剧名角儿们编纂剧本。他具有较高的文艺素养，才思敏捷，凭借旗人特有的语言天赋和对京剧艺术的熟谙，先后为尚小云、高庆奎、郝寿臣等京剧表演艺术家创造了京剧剧本达 30 余出，成为当时有名的京剧剧作家，为京剧艺术的发展做出了不可磨灭的贡献。例如著名的京剧《野猪林》，就是他与武生宗师杨小楼合作，将这个水浒故事搬上京剧舞台的。由于庄清逸长期观剧票戏，通晓舞台排场，所以他的剧本多为“场上之曲”，非常适宜排演。他创作数量惊人，当时甚至有“一日可成一剧”的美誉。特别值得一提的是，正如齐如山之于梅兰芳、陈墨香之于荀慧生、罗瘿公之于程砚秋，庄清逸把很大精力都投入到与“四大名旦”之一的尚小云的合作上，先后为后者编写的剧本有《李三娘》《林四娘》《千金全德》《摩登伽女》《婕妤当熊》《珍珠扇》《燕子笺》《桃花阵》《相思寨》《花蕊夫人》《白罗衫》《楚汉争》《文君当垆》《谢小娥》全部《玉堂春》《白蛇传》《峨眉剑》《空谷香》《前度刘郎》《秦良玉》等。就连《中国京剧史》都曾专门评价庄清逸的剧作：“精于剧本结构，巧于排场关目，其新撰剧本多能演出于舞台。”

尽管在戏剧事业上取得了如此大的成就，但在那个政府并不重视文化的年代，末代庄亲王的日子从来就没有好过过。到晚年，溥绪的生活非常凄凉，全靠着众多艺人们接济度日。1933 年 5 月，这位 52 岁的末代庄亲王去世。令人唏嘘的是，历代庄亲王都葬在北京房山区磁家务馒头山下的庄亲王坟，但溥绪却是个例外。由于庄亲王府早就卖给了别人，因此他的子孙们也只能栖身于平民住宅区的小平房里。

末代睿亲王被“逼”成了作家

第十二代睿亲王魁斌（1864—1915）在多尔衮的后人中算是高寿了。他于1876年继承王爵，直到1915年才去世。虽然足足当了四十年的铁帽子王，但魁斌并没有留下什么值得骄傲的业绩，反而因对时局懵懂无知而遭到耻笑。据说他连什么是革命党都理解不清楚，居然留下诸如：“革命党剪发辫，四处为乱，是否白莲教之化名？”之类的“雷人”语录。1915年魁斌死后，他的儿子中铨（1892—1939）被溥仪小朝廷册封为睿亲王。如同乃父一样，中铨在政治上也相当低调，没有任何作为。唯一值得一提的是，1922年溥仪大婚那年，中铨被选去当了一回负责迎亲的“天使”，算是在公众场合露了回脸。不过在生活方面，这位王爷可就高调多了，特别喜欢赶时髦，出手又阔绰。自从父王死后，他和弟弟中铭便开始了“炫富”秀。哥儿俩先是花费巨款修建新房、花园，每个房间都安上当时社会上还很罕见的电话，又添了西餐厨房。有一次他们看到袁大总统乘坐了一回德式马车，便立刻跑到德国洋行，一出手就买了八辆。不久北京城上流社会又兴起了小轿车，哥儿俩又一下订购两辆，而且全要最贵的。至于府中有多少项收入，一年有多少钱开销，中铨全然不问。就连典当珍宝，他也全权交管家办理，送哪个当铺，当多少钱，全凭管家拿主意，他不懂也不问，他懂的就是赶时髦。除此之外，中铨兄弟还还经常和一群豪门子弟在前门外聚赌。1919年，兄弟二人卖掉了西郊的别墅，拿着两万元钱，带着妓女到天津去玩。结果短短两天的工夫，连花带赌，钱就全没了。

这样的败家做派，即便是鼎盛时期的铁帽子王家也难以承受，更何况当时清朝已经覆亡，王府也早已没有了什么经济来源，全靠典当和变卖祖产度日。到1924年前后，堂堂的睿亲王府家里值钱的东西卖得差不多了。末了，哥儿俩将王府中的500多间房屋典出去后借了10万元，但过了没多久又花完了，只得把王府附近家人居住的20多间小房卖掉，后来又把祖坟墓园中的建筑和树林全都卖掉。不久，由于交不起借钱的利息，中铨被债权人告到京师审判厅，法院于第二年将地处东城石大人胡同的新住宅查封。中铨吓得躲了起来，家人也匆忙搬家，将马车、汽车等物品送给车夫和司机作为工钱。府中物品运出六七十车，暂时寄放在当铺里。40多箱衣服只开了一张200多元的当票，后来无人过问，成了死当。一无所有之后，又将看坟的养身地1000多亩，以每亩8元卖给了看坟人。1929年，由北平市政府社会局将睿王府借给私立大同中学做校舍。到1933年，大同中学以3.5万元购买后成了学校校产。1931年，据说中铨在穷得没办法时，居然想借移灵之机把祖宗棺木里的陪葬珠宝取出卖钱，但由于和县衙门分赃不均被告发，结果自己被判了7年徒刑，5年后因病获释。这件糗事当年在北京城轰动一时，著名的《世界日报》还进行了专题报道。中铨出事后，他的家族也彻底没落了，一些后辈甚至不得不靠摆小摊维持生活。出狱后，这位末代睿亲王栖身于西城一所民宅中，1939年秋贫病而死。

令人唏嘘的是，末代睿亲王兄弟虽然如此不堪，不过他们的子孙中反而涌现出难得的人才。中铨、中铭死后，按照爱新觉罗家族的规定，他们家族中还有可以继承睿亲王名号的子嗣，而被视为继承人的则是中铭的长子颐年。尽管当时大清朝早已垮台数十年，但溥仪在东北的伪“满洲国”也还有个“皇帝”的虚名。据说当时溥仪从长春传话，希望颐年去东北“袭爵”，却不料颐年断然拒绝。这位睿亲王的后人宁可挨饿也不愿与傀儡政权同流合污，声称纵然饿死长街，亦不能向“石敬瑭”称臣，表现出了难得的民族气节。此后，颐年一直生活在北京，虽然日子艰苦，却也能自食其力，并靠着自己的努力一步步成为著名的诗人和作家，而人们也更多地记住了他的另一个名字——金寄水。

金寄水（1916—1987）自幼便生活在睿王府，由于当时家境已经败落，因此也没有像昔日的天潢贵胄那般接受过系统的教育，初中没念完就退学了。尽管如此，他却早早显示出在文史方面的天赋。长大后，为了生计，金寄水经人介绍到北京图书馆当文抄员，以每抄小楷千字获两角五分来艰难度日。抗日战争胜利后，只有小学文凭的金寄水进入报界，在杂志社任职，专写章回小说，供刊物连载。20 世纪 50 年代初，金寄水在北京市文联工作，与作家老舍私交颇好。据说他曾想写长篇小说，其内容是以他自己的身世和经历展示社会的变迁，但苦于严酷的社会环境，写了一半就辍笔了。当时，他居住在一间九平方米的小屋子里，属于典型的“蜗居”族。“文化大革命”期间他从文联退休，并应中华书局之邀负责校点《本草纲目》。对于自己家族所经历的一切，金寄水先生曾写道：“分明一场戏，只恐不堪收”，堪称达到了相当的人生境界。

1987 年金寄水去世，享年 72 岁。对于这位铁帽子王后裔，老舍之子舒乙曾如此评价道：“金寄水是我见到的最后一位贵族出身的现代文人，一个非常可爱，非常儒雅，非常纯真又有学问的人。他身上带有强烈的时代痕迹，令人惊奇的是这痕迹竟全是那么优秀，那么美妙，那么讨人喜欢。正因为如此，他变成一个特殊的典型，使人想起来便有一种心痛、惋惜和赞誉的感情，全绞在一起。”

末代怡亲王备尝艰辛

现在谈谈十三爷的后代。自打经历了庚子年的那场动荡后，不管怎么说，虽然溥静的一时糊涂给怡亲王家族带来了一场灾难，不过他临死之前的举动倒也算是聪明。正如他所期望的，侄子毓麒顺利承袭了爵位，成为大清朝最后一代怡亲王。毓麒是溥静亲弟弟溥耀之子，1900 年出生，1902 年 6 月承袭已经空缺了两年多的怡亲王爵位。可以想象，在那样一个复杂动荡的环境中，幼年的毓麒也是备尝艰辛。父亲溥耀去世时，毓麒出生还不足两个月。幸运的是，伯父溥静对他倒是很好，视若己出。据说当年八国联军打到北京时，溥静乘乱带着家眷仓皇出逃。不料在半路上竟发现侄儿毓麒和儿子毓善没有随车同行。为了找回家族的这两棵独苗，溥静二话没说就叫上两个随从火速返回王府。一进王府，便看见毓善和抱着毓麒的仆妇正在影壁墙前急得团团转。溥静赶忙让他们先上马车前行，自己则进入后院寻找其他亲戚，却不料又碰见了来抢财物的洋鬼子。情急之下，溥静机智地骗过洋鬼子才脱身。正因如此，毓麒对伯父总是满怀感激和钦佩。溥静曾有两个儿子，长子毓常不满 3 岁时夭折，只留下次子毓善。因此在承袭爵位成为怡亲王府的主人后，除王府的几位长辈太福晋、福晋外，毓麒主要是在大他 8 岁的堂兄毓善和大他 12 岁的嫂子佟佳氏的监护下长大的。一大家子人感情深厚，毓善他们也始终没有搬出王府去分居生活。

不过对毓麒而言，一方面大清朝已迅速走向尽头，一方面又亲眼目睹了怡亲王府所发生的各种灾变，因此他从小就在心里蒙上了一层阴影，到头来也只能做一个碌碌无为的末代王爷。正如舒乙先生曾感慨的：“（怡亲王）传到第八代已到清朝末年，此人叫毓麒，生于 1900 年，两岁时继承怡亲王爵位，他的一生很短暂，活到 48 岁，是个碌碌无为的人。时代在他身上印上了深深的烙印，使他几乎一生不得安宁，一直头朝下，由天上掉到地下，坠入深渊，所有的重大国事都在抽他的筋，剥他的皮，像皮鞭一下一下重重地打在他身上，所以他短暂而黯淡的一生就是一部现代史另一个侧面的缩影，应该说也有某种典型意义。”

尽管头上顶着铁帽子王的光环，但是末代怡亲王毓麒的童年无疑是很不幸的。他幼年丧父，童年丧母，身为一个大家族的主子却又必须接受众多长辈的监护。而对于自己童年的最大感受，这位王爷的回答往往是：“累，烦，又累又烦！简直折腾死了！”无论是进入学堂读书、册封大礼、觐见皇上还是拜谒祖陵等事，年幼的毓麒都是在大人的摆布下一步步走过来的。还不到六岁，毓麒便按皇室有关规定进入贵胄学堂学习初级课程：骑马、射箭、满文、汉文，必要时还有蒙文、藏文。怀着重振怡亲王府的声威，各位长辈对这个小王爷寄予了很大期望。不过多少令人失望的是，小王爷似乎对学习并没有很高的积极性，成绩也是勉勉强强。正如他的嫂子佟佳氏所讲的：“上学堂、念家塾，每天总是眼泪汪汪！像喝汤药似的，我催着哄着，可他压根儿没兴趣！”大约在七岁那年，毓麒被人领着进宫向太后和皇上请安，并汇报自己在学校的学习情况。或许是触景生情，慈禧太后看着这个孩子不禁长叹一口气说：“这孩子孤儿寡母怪可怜的！”1908 年，光绪和慈禧相继去世，年仅 8 岁的毓麒也参与了送葬。只不过那么小的孩子，对当时具体的情形恐怕也没有留下什么印象。1909 年，也就是宣统元年，朝廷对虚龄十岁的末代怡亲王毓麒进行了册封大礼。结果在册封当天，眼看皇宫的仪仗队都到家门口了，贪玩儿的小王爷却一个人溜到后殿去玩“小电影”了。原来在不久前，财大气粗的交通部长（邮传部尚书）盛宣怀听说怡亲王府安装了电线，便特意派人给小王爷送来一台精致小巧的手摇放映机和三盘电影胶片。当时的电影虽然没有声音，但画面中的人却活蹦乱跳。对于这个新奇的洋玩意儿，小王爷自然津津有味，流连忘返。1912年，末代皇帝溥仪颁布“退位诏书”前，曾召开了一次各王公大臣会议，怡亲王毓麒也被召进皇宫列席，也算是见证了历史性的时刻。

14岁那年，毓麒结婚，接着便先后有了女儿素华、儿子恒枢。当时大清朝已经覆灭，王府的日子也每况愈下。由于有了子嗣，正值青春年少的毓麒，不许人们再称呼他“小王爷”，而是命令王府上下一概称他为“老王爷”。到23岁时，这位年轻的“老王爷”又相继添了四个孩子。据他的孙子启运回忆，“老王爷”中等身材，棕色礼帽，内着西装、打着领带，外裹一件考究的人字呢大衣。虽然王府的整体生活水平大不如前，但“老王爷”却始终养尊处优。他穿戴考究，还是第一流的美食家，在赶时髦方面也从不落下风。据说他是北京最早玩汽车的人，家中曾有好几部汽车，其中有一部黑色底盘、车顶车身图案为棕色和黄色长方形格子的雪佛兰轿车。而对于府内的琐事，这位王爷几乎从来不闻不问。令人好笑的是，有时他居然连自己的儿子都不认识。有一年过中秋节，毓麒发现花园里有个小男孩蹦蹦跳跳玩得挺高兴，便一时兴起问：“你这孩子是谁呀”？旁边的人愣了半天才回答说：“您的大阿哥恒枢啊！五岁了！”或许是没有机会再在朝堂上发挥作用的缘故，这位末代王爷几乎把全部的威风都施展在了家中。他的儿子恒柱曾心有余悸地回忆道：“老王爷说打人不打脸。可他使劲踹人骂人，一边踹一边骂，一边骂一边踹，不知道什么时候就连挨三脚！那叫狠！那叫疼！”女儿素敏也说：“李公公那么大岁数，就算有点懒，他把人家锁在屋里两天没吃没喝，忘了这回事，差点给饿死！”而另一个女儿素贞则抱怨道：“老王爷活着的时候最不待见的是我。有一回，他拿皮鞭子蘸水抽我！”

在其一生中，末代怡亲王毓麒几乎只能靠着变卖家中财物得过且过。为了养活一大家子人，王府生活的唯一来源就依靠典当和变卖——首饰、古玩、字画、店铺、马号，甚至几次砍伐河北涞水县祖陵的树木换取钱财，后又将府邸抵押给了西什库天主堂的包士杰，导致府邸被人霸占，毓麒则

肃亲王善耆之妹妹与妹夫

在1948年去世。在他的一生中，或许只有两件事值得一提。一是1932年将长子恒枢送到长春，给伪“满洲国”皇帝溥仪当了“御学生”；二是1941年过40岁生日时收到肃亲王善耆之女川岛芳子特意送的玉制“蝈蝈”。本来他还留下了大大小小百余张照片，但后来也在“文化大革命”中被家人全部烧掉了。

关于末代怡亲王毓麒后代的情况，大致如下：

长子恒枢（1917—1979），15岁时随族人溥杰、溥佺、毓嶦等赴长春，在伪“满洲国”宫内府给溥仪当“御学生”，后返京。王府被霸占后，他租住了距离王府不远的后炒面胡同一号外院、大约二十多平方米的南房三间，从此基本过着和普通老百姓一样的生活。为了谋生，他曾开过饭馆，也曾凭着拥有一架照相机在《北平商业日报》当记者，1948年参与创建“北京民艺话剧团”，并改名为金克。1956年，北京民艺话剧团改名北京实验话剧团。20世纪60年代初，该团奉调外省，先后分别更名为黑龙江省安达市话剧团、河南省郑州市话剧团。恒枢与妻子白淑慧一起，长期从事服装的设计、管理和兼职演员工作，未因该剧团的多次行政隶属变迁而变动。他还曾写过一本叫《清宫服饰》的书，可惜手稿毁于“文化大革命”，没有问世。其妻白淑慧（1921—1999），曾用名白倩如，蒙古族镶白旗人，中央民革成员，中国戏剧家协会会员，与恒枢生有四子两女：长子启运，1945年生，他插过队，入过伍，当过工厂干部，1970起年在部队搞文艺工作，1975年起在北京某国有企业当干部，1985年起在北京某党校任理论教员。次子启平，1948年生，1963年起在北京宣武区某公司工作，任高级技师。三子启荣，1954年生，1983年移居香港，任香港某商业公司经理。四子启鸣，1958年生，1979年参加工作，北京某旅行社总经理。长女启辉，1941年生，北京某国有企业工作，2001年卒。次女启怀，1950年生，过继给远亲为女，1968年插队，后任山西省神池县服务公司总经理，1989年返京，为东城区某房管所干部。毓麒另有次子恒柱，无嗣；长女素华；次女素敏，无嗣；三女素贞；四女素洁，幼亡。

肃王府的十四格格成了日本谍报之花

1947 年 10 月 22 日，地处天安门西南角的司法部街（今人民大会堂所在地）热闹非凡。一大早，成千上万的民众就涌向位于该街西北侧的北平高等法院，将临时搭建的审判庭包围得水泄不通。原来在这一天，当局将对女汉奸金璧辉一案作出最后判决。约摸十一点钟，负责该案的主审法官当着所有旁听者的面宣判：“金璧辉通谋敌国，图谋反抗本国，处以死刑，剥夺公权终身，全部财产除酌留家属必需生活费外全部没收。”至此，曾经轰动全国的金璧辉汉奸案总算告一段落。不过有关主人公的故事，似乎才刚刚挑动起民众的神经。许多不知情者纷纷询问，金璧辉是谁？一些人甚至还不知道，这个日本名为川岛芳子的女汉奸不但是纯正的中国人，而且还有一个更加显赫的身份——末代肃亲王善耆的十四女。那么，一位血统高贵的满洲格格，又如何能落到今天这般境地呢？一切都还得从四十年前说起。

金璧辉本名爱新觉罗・显玗，1906 年出生于北京肃王府。那时的大清朝虽然每况愈下，但肃王爷家却依旧很风光，几十位王子、格格都过着锦衣玉食的生活。却不料没过几年，随着王朝的覆灭，原本地位显赫的天潢贵胄顿时变成了亡国之民。由于末代肃亲王誓言要复辟大清，因此金璧辉一干兄弟姐妹便不得不跟随父亲远赴旅顺，开始在日本人的卵翼下生活。作为父亲的掌上明珠，金璧辉从小就因其独特的个性而被寄予厚望。1914

末代肃亲王家的十四格格，爱新觉罗·显玗，汉名金璧辉，日本名川岛芳子。

川岛芳子（左）与其丈夫合影

川岛芳子

年，为了感激好友川岛浪速的恩情，善耆特意将十四格格送给后者当养女，而年仅8岁的金璧辉便跟随养父前往日本，并在那里度过了自己的少女岁月。

在日本，金璧辉有了个日本名字——川岛芳子。由于从小就受到生父肃亲王对民国仇恨意识的影响，跟随养父后又受到日本方面歪曲理论的思想灌输，川岛芳子一步步树立起“匡复大清，独立满蒙”的“志向”。此时的她，早已没有了王室格格们应有的大家闺秀之气，反而成长为一名性情乖张、野心勃勃的政治狂人。通过当年留下来的照片可以看出，少女时代的川岛芳子还是颇有几分姿色的，举手投足间依稀能透露出几分皇室血脉所具有的贵族气息。然而在她长大后，居然一度遭到养父的觊觎。或许肃亲王善耆做梦也不会想到，他的日本盟兄弟竟是一头披着羊皮的色狼，胆敢对养女下手。关于这件事的真相，由于两位当事人都未曾明言，因此后人也一直无法断定，后世一些有鼻子有眼的描述只能算是演绎。不过川岛芳子的胞兄宪立后来曾披露过这样一段细节："1922 年 2 月，我的父母故去后，为清理财产和处理其他事情，川岛浪速伴着芳子来到旅顺。有一天，他突然对我说：'你父亲肃亲王是位仁者，我是个勇者。只为仁者难得天下，光做勇者，亦将失败。我想，如将仁者与勇者的血结合在一起，所生下的孩子，必然是智勇兼备。你一定会赞成这样的做法吧！'他说这番话像谜语似的，可我一听就明白了他的用意。无非是他要把芳子弄到手，他迷上了比他小四十岁的芳子。"据说为了反抗养父的兽行，川岛芳子甚至曾开枪自杀。

1927 年，21 岁的川岛芳子回到旅顺，按照善耆生前的安排嫁给了蒙古王公巴布扎布的儿子甘珠尔扎布。其实二人根本谈不上有什么感情，只不过这桩满蒙王族的联姻具有一定的政治目的。因此在婚后，当川岛芳子发现丈夫胆小怕事，对复辟清王朝也无甚兴趣后，不到一年便离家出走了。她躲进了日本老牌特务头子土肥原在旅顺开办的"国际俱乐部"，并在那里接受了人生当中的第一项间谍任务，而目标竟是赫赫有名的"东北王"张作霖。有资料显示，1928 年，川岛芳子通过牺牲色相从张学良的侍从副官郑某那里套取了张作霖从北京返回东北的具体路线和日程安排，随即向关东军总部作了详细汇报。依靠她的情报，日本关东军成功地在皇姑屯炸死了张作霖。凭借着这次亮相，川岛芳子迅速得到了日本特务机关的青睐，他们决定加大投入，将她培养成为谍报高手。1930 年，川岛芳子受命前往上海，接受日军驻上海特务机关长官田中隆吉的直接指导。二人很快打得火热，发展成情人关系。或许是出于对丈夫的愧意，次年，在与甘珠尔扎布离婚的同时，川岛芳子又将日本女人米山莲江介绍给后者的弟弟正珠尔扎布为妻子。1931年“九·一八”事变之后，开始筹划建立伪满政权的日本关东军将溥仪从天津偷运到大连，随后把秘密运送婉容的任务交给了川岛芳子，而后者也不辱使命顺利完成了任务。接下来，川岛芳子又潜往上海，参与策划了“一·二八”事变。

进入1932年，由于“九·一八”事变之后日本受到来自国际社会各方的压力，为了转移视线，他们需要在上海寻找一些借口来引发事端，这项任务便交给了川岛芳子。1932年1月18日傍晚，日本驻上海特务机关授意住在江湾路山妙发寺的日莲宗和尚天崎启升、水上秀雄带领信徒五人，向位于引翔港马玉山路的上海三友实业社总厂大门走去，肆意挑衅。而会说上海话的川岛芳子则伪装积极抗日，唆使三友实业社数十名爱国工人突然袭击了那几个僧侣，使其中三人受伤，名叫水上秀雄的和尚于24日死去。“和尚事件”发生后，田中隆吉又让川岛芳子将一笔经费交给侨居上海的日本人组成“支那义勇团”，委派宪兵大尉重藤千春指挥这批30余名青年同志会会员，以追捕杀手为名，于1月20日对三友实业社进行了报复性袭击。这些狂热的侵华分子纵火焚烧了三友实业社，而日本驻沪总领事趁机向上海当局提出蛮横要求。紧接着田中隆吉和川岛芳子继续煽风点火，他们威逼有影响的在上海经商的日本民间人士福岛喜三出面，请求帝国政府立即出兵上海。就这样，震惊中外的“一·二八”事变爆发了。战事爆发后，川岛芳子先是只身潜入吴淞炮台，查清了中国军队的火力配置，给日本军方及时送去情报；又利用美色从国民政府中央政治会议秘书长唐有壬嘴里套出上海国民党系统银行已濒临破产边缘，国民党政府希望停战的重要情报，从而使日本政府在谈判中占尽优势。1932年5月5日，《淞沪停战协定》在上海正式签字。而正是借着这趟浑水，伪“满洲国”成立，溥仪当上了傀儡皇帝。鉴于川岛芳子“惊艳”的表现，日本军部将其视为不可多得的特殊人才。关东军方面对策动“一·二八”事变的阴谋予以高度评价：“多亏这一击，满洲独立才得以成功！”而日本国内媒体也开始不遗余力地大肆炒作，吹捧川岛芳子是“东方的玛塔·哈莉”（玛塔·哈莉是第一次世界大战中德法两国之间的双重间谍，她最拿手的就是利用自己的姿色去窃取情报）。不过川岛芳子似乎对这一称呼有些抵触，为了表明自己不是仅靠色相获取情报的花瓶，她刻意剪掉长发，换上男装，转而以一副男人婆的姿态出现在各种场合。结果日本作家村松又根据她的故事写了一部叫《男装丽人》的畅销小说，把她塑造成一个身穿特制军服，忙碌于中日两国之间的孤胆英雄。相比之下，业内的评价可能更合川岛芳子的胃口——日本情报界恭维她为“帝国谍报之花”。

伪“满洲国”成立后，由于“功勋”卓著，川岛芳子被日本关东军授予陆军少佐军衔，成为日本军中军阶最高的女子。日本方面还将原奉系军阀张宗昌的旧部5000多人交给她，号称“安国军”。从此，川岛芳子又改叫中国名字“金璧辉”。她穿上日本军官制服，腰挂日本军刀，尽显“安国军司令”的派头。此外，从一些旧财阀和清朝遗老那儿募集了一笔数目不菲的军饷，招兵买马，在热河组建了一支定国军骑兵团。这一时期，“金司令”的气焰十分嚣张，有时居然连日本人都不放在眼里，达到了她人生的顶点。

关于川岛芳子的这段经历，她的妹妹金默玉看得很清楚：“我姐小时候就有野性，好强争胜，刁顽任性，我行我素，变化无常。她在日本丰岛师范附属小学读书时，不听老师的话，经常和男同学吵架、对着干。读松本高等女子学校时，每天骑马上学，高兴了就去上课，不高兴了连续几天教室里没有她的人影，令校方头疼。以致她回国奔丧后重回日本，学校坚决不准她复学。此事川岛浪速并不在乎，而是向她灌输‘注重纪律、不怕苦、不怕死’的日本武士道精神，希望她继承父亲的事业，实现复辟清王朝的梦想。所以她有冒险精神，像男子汉一样敢于冲锋陷阵。川岛芳子与我的理想不一样，她一心要做清王朝的孝子贤孙，一心为复辟之事奔忙。我姐姐走的是一条由父亲、养父安排的路。她的野心太大，说起来令人出冷汗。婚后不到两年，川岛芳子就离了婚。从此，她像一匹脱缰的野马，在满洲、内地、日本三地之间飞来飞去，往来穿梭，为复辟清王朝、实现生父满蒙独立的夙愿而四处奔走，尽展阴谋手段。1928年，她24岁时只身来到上海，结识了将其带入日本间谍圈的领路人——陆军少佐田中隆吉，

川岛芳子

一身戎装的“金司令”

心甘情愿地做了日本帝国主义侵华的走卒。她生性聪慧，会讲一口流利的日语，汉语会讲‘京片子’，又学会了上海话，田中隆吉又教会了她英语和开车。她还能写诗作画，据说上世纪30年代日本流行歌曲《蒙古姑娘》《驼铃》就出自川岛芳子之手。她以美貌和多才多艺混迹于上流社会，为日军搜集情报，被称为‘东方的玛塔·哈莉’。1942年，她因殴打日本宪兵，被遣送回日本。一年后，从日本回到北京后，再也没有大的作为。我问她：‘姐，你死心塌地为日本人效力，凶狠地残杀中国同胞，就不怕遭到报应吗？’她抱着无所谓的态度，奸笑道：‘我投靠日本人，是为了复辟，重振清王朝的雄风。玩政治嘛，无毒不丈夫，不能在乎杀人。至于报应，那就听天由命了。我相信强大的日本人不会败！’”

满脑子做着复辟梦的金璧辉哪里会想到，“强大的日本人”到头来却一败涂地。抗日战争胜利后，国民党政府在北平将她逮捕，并将其作为头号女汉奸进行了审判。尽管金璧辉生性机敏，善于言词，常让法官哑口无言，但依然无法挽回自己的命运。1947年10月，北平高等法院法官在拥挤人潮的围观之下做出正式判决，判定金璧辉是叛国者，并处以死刑。判决理由包括：一、被告虽有中国和日本双重国籍，但其生身父亲为肃亲王，无疑是中国人，应以汉奸罪论处；二、被告同日本军政要人来往密切，在上海“一·二八”事变中扮男装进行间谍活动，引发了“上海事变”；三、被告参与将溥仪及其家属接出天津，为筹建伪满进行准备工作；四、被告长期和关东军往来，并被任命为“安国军司令”。1948年3月25日凌晨6时45分，川岛芳子在北平被枪决，火化后的骨灰则被送回日本。至此，这位对自己的民族犯下一系列罪行的女汉奸结束了复杂而短暂的一生。

然而川岛芳子的故事并没有就此结束。说起来，这位末代肃亲王家的十四格格也算是个传奇人物，不但生得独特，就连她的死也很奇特。因为不可思议的是，即便几十年过去了，依然有很多人怀疑川岛芳子当年根本就没有死，这个女人就如同幽灵般又在世间存在了好长时间，由此被演绎成民国史上最耸人听闻的谜案之一。

战后被送上审判席的川岛芳子

按照传统的说法，川岛芳子当时的确被处决了。据有关研究者对一些当事人的采访，这一点是毋庸置疑的。然而由于整个事情的过程缺乏透明度，在一个星期后，社会上突然流传起一种说法，声称川岛芳子没有死，在押上刑场时被调包，本人早已潜返东瀛，枪决的不过是一个替身；甚而传说某国民党权要因迷恋川岛芳子绝代风华，不惜违反国法，找了个替身偷梁换柱，将川岛芳子秘密纳为外宠。4 月 1 日，北平的几家报纸突然刊登出爆炸性新闻："最新消息！ 3 月 25 日被处死的女汉奸金璧辉的替身是刘小姐。"该新闻说，那天凌晨被处决的其实是同样关押在第一监狱的女囚犯刘凤玲，因为她母亲为获得十根金条的酬劳，才同意把女儿作为川岛芳子的替身受刑。不过由于后来刘凤玲的妹妹发现当局说话不算数，便将这事揭露出来。更有报纸进一步爆料称："在行刑前两天夜里，川岛芳子的牢房里进来一个国军军官。他在川岛芳子耳边小声说：处决您的日子就要来临了，大约是在后天黎明之前。但是请您放心，执行者用的子弹不是实弹，而是空弹。请您一听到枪声就立刻倒下。”

令人困惑的是，就连川岛芳子的家人似乎也对她的生死表示怀疑。他的胞兄宪立甚至曾在日记中写道：“芳子处刑后的尸体，如果没人认领就被运送到公共墓地，同许多尸体堆放在一个坑里埋葬。因为我不希望那样做，所以托了日本和尚认领尸体，而且必须立即火葬。因此日本和尚领尸后，就立刻火化了。这是事实。这具尸体，是否是芳子的我还没有足够的材料做出判断。收领尸体的和尚并不认识芳子，即便看见脸面也无法识别。因为子弹是从头后部打进，从面部穿出，炸得令人难以分辨。所以很难说究竟是什么样的模样。芳子现在是生是死？我却无法做出判断。”

直到前些年，仍有研究者对此事件进行大胆的探询。例如 2010 年吉林文史出版社出版的《川岛芳子生死之谜解密》一书，就追根溯源，展开了多方面的调查考证，最终得出惊人的结论：当年在北平监狱执行枪决的女尸不是川岛芳子本人，而是一个“替身”，而此后直至 1978 年的三十年间，川岛芳子则以“方老太太”的身份一直隐居在长春城郊新立城镇齐家村！

不过对于大多数人而言，川岛芳子，死还是没死，这已经不是一个问题。事实上正如后人所评价的，在时代的洪流中，她并不是一个真正的大人物，即使作为叛国者被枪决，她的分量也远不能跟日伪政权中的赫赫角色相比。不过她的事迹却反复被人提及，出了传记，在海外还拍成了电影。原因可能是：一、她是个性格刚烈的女性，充满叛逆，出入一身戎装打扮，要把男人比下去；二、她出身没落皇族，有过流离坎坷的童年，在时代大潮中被命运捉弄，不像其他叛国者那样主动开门献城，她的堕落让人叹息超过让人仇视。也正是由于她那难以捉摸的性格，千变万化的模样，以至于被枪决之后，市井坊间还传说死者只是个替身，绘声绘影，仿佛川岛芳子其实已经脱身，远走天涯。而对于肃王府的其他成员来说，他们可能更愿意彻底遗忘这个名字，因为她给这个家族带来的只有痛苦。就像她的妹妹金默玉所感慨的："当年我因为川岛芳子而在秦城监狱关了 15 年，曾经下决心：这辈子再也不谈川岛芳子，但我发现她总是我这辈子绕不过的一个话题。好好一个肃王府因为一个川岛芳子而出了名，这让我很尴尬。我经常想，如果父亲活着，知道芳子后来走了那样一条路，他绝对会把芳子要回到自己身边。"

无论如何，死于 1922 年的末代肃亲王善耆还算是幸运的。虽然他在历史的潮流面前实在无力回天，到头来反而落得个家财丧尽的结果，但他的后代又何尝有过好日子呢？想当年，善耆把复辟的希望寄托在其子女身上。他不许子女作民国的官，也不许为中国的民。潜居旅顺以后，他便把子女全部送进日本学校接受教育。而在死后，除了川岛芳子之外，还有不少子女也搞起了叛国活动。

在众多王公贵族中，肃王爷家堪称枝繁叶茂。他总共生了 38 个儿女，其中男孩 21 个（其中第二十子还未起名字就夭亡了），依次为：宪章、宪德、宪平、宪常、宪宜、宪英、宪奎、宪真、宪贵、宪邦、宪原、宪均、宪云、宪立、宪久、宪方、宪基、宪开、宪容、宪东；女孩 17 个（其中 5 个早夭），依次是：显谊、显珥、显珊、显琪、显玖、显瑡、显琭、显琮、显玗、显珣、显瑠、显琦。

在众多的子女中，可能最没有奋斗压力的就要算长子宪章了。善耆死后，肃王一家曾一度搬回北京旧居，由长子宪章当家。按照清朝的世袭制度，宪章承袭了王爵，人称"小肃亲王"，因其头大，又或外号叫"大头王"。不过这种承袭也仅限于爱新觉罗家族内部的传递，在王朝早已覆灭的情形下并无实际意义。作为长子，宪章属于那种典型的八旗子弟，从小就嗜吸鸦片，无所事事。1927 年初，由于众弟妹们闹家产纠纷，想不开的他竟一气之下要吞鸦片自杀，幸亏医院全力抢救才捡回一条命。末了还是川岛浪速出面，把他带回大连供养起来。

善耆的众多儿子中，混得稍微有些模样的要算宪奎、宪原、宪基和宪钧兄弟了。伪"满洲国"成立后，溥仪考虑到肃亲王善耆忠心耿耿，为恢

善耆与他的儿子们及洋教头在一起

末代肃王府的王子、格格们

善耆的儿子们和洋教头在一起

善耆长子宪章

善耆次子宪德

复清室家产几尽，所以对他的子女优先重用。在他的提拔下，善耆的第七子宪奎（当时改名叫金璧东）一跃成为伪铁道守备队中将司令，后又曾任伪黑龙江省长、伪长春特别市市长、伪翊卫军司令官等要职，算是“皇上”身边的红人。宪原和宪基两人则被派到伪“黑龙江将军”张海鹏麾下当参谋；宪钧曾任军医少将、伪满军医院院长；宪东曾担任过侍从武官。

善耆的其他儿子虽然也与日本有着密切关系，但大多过着平淡的生活:

第十四子宪立，毕业于上海东亚同文学院，后加入日本国籍，曾在日本广播协会从事汉语方面的工作。

第十六子宪方，毕业于日本陆军士官学校，仍健在，现居北京。

第十八子宪开，毕业于日本陆军士官学校毕业，1929 年在日本别府死于非命。

第十九子宪容，毕业于东京帝国大学，后死于狱中。

善耆三子宪平

善耆幼子宪东

第二十一子宪东，仍健在。

溥仪在他的回忆录《我的前半生》中，曾对善耆及其子女评价说："一家满门都是亲日派汉奸"。这话其实不但有违心的成分，而且也不客观。事实上，由于家中"亲日派汉奸"的牵连，善耆的其他后代经历了更大的痛苦。例如他们家的十七格格金默玉，就因为是金璧辉的亲妹妹，在1958年突然被捕，直至1973年才刑满释放。金默玉本名爱新觉罗·显琦，1918年出生，1937年以优异成绩毕业于日本学习院。虽然同为肃亲王善耆之女，但她与川岛芳子不同，从小就对政治不感兴趣。她说："川岛芳子与我的理想不一样，她一心要做清王朝的孝子贤孙，一心为复辟之事奔忙。我呢，则想当个'无冕之王'——女记者，或歌唱演员。"如今，这位末代格格的身份是河北廊坊东方大学城的校长。值得一提的，末代肃亲王的孙辈们的命运也多少受到了家族的影响。例如宪章的女儿廉铝，1913年生。当年川岛芳子离开日本后，她又被家族安排成为川岛浪速的养女，因出生在旅顺而被命名为“旅子”。1924年被送到日本，1933年加入日本国籍。不过由于日本战败时她正生活在北京，结果后来受到牵连和批斗，直到1972年中日邦交正常化后才在政府的允许下带着儿子前往日本。宪章的儿子连绅，1927年出生于大连，17岁时遵父命赴日留学，不久又返回北京。作为家族中的“另类”，他在解放后积极投身于新政权的建设，1949年参加四野南下干部大队，1953年到武汉工作。不过由于历史的原因，连绅曾长期遭受不公正待遇。1979年，他被安排到武汉地质学院担任日语教师，从此开始致力于中日两国的文化交流，如今过着平淡的百姓生活。

时至今日，虽然末代肃亲王的这些后人已基本恢复了平静的生活，但回首往事依然有恍若隔世的感觉，正如金默玉所唏嘘不已的：“父亲去世时，正在东京御茶水女子高等师范留学的三姐显珊也回来奔丧，之后她再也没回去，偌大的家后来就剩下三姐、十六姐和我三个人，加上十几个佣人。按照那时的规矩，王爷身边的女人如果没有生男孩就不能被册封，像我母亲17岁生了我大哥，因为头胎就是男孩，所以她被册封得早。而三姐的母亲刚生下她就去世了，我父亲挺可怜她的，所以父亲在世时她在家里耀武扬威的，大家对这个三格格有点又恨又怕。父亲一去世，她没什么靠山，也没地方可去，就把我俩要过去，我俩分的家产都归了她——她如果不争取我们，她也没什么财产。三姐后来办了一所学校，还买了个农场，但她什么也不懂，她养的果树起初还结挺大个儿的苹果，到了后来却变成像海棠果那么大。三姐后来认识一个女传教士，每次来家里教我英文，在她影响下，三姐和十二姐、十五姐都信了基督教。三姐终身未嫁，最终死在教堂里。”

恭王府"大观园"孕育出了大才子

在近现代中国画坛上，各种流派纷呈，但"南张北溥"却是得到一致公认的巅峰人物。"南张"即国画大师张大千先生，"北溥"则是溥心畬。于非闇认为："张八爷（张大千）是写状野逸的，溥二爷（溥心畬）是图华贵的。论入手，二爷高于八爷；论风流，八爷未必不如二爷。南张北溥，在晚近的画坛上，似乎比南陈北崔、南汤北戴还要高一点。"这溥心畬不是别人，正是恭亲王奕訢的嫡孙，而这种皇室贵胄的身份无形之中为他平添了几分神秘的色彩。

溥心畬，本名爱新觉罗·溥儒，生于1896年，字心畬，号西山逸士。虽然在其出生前十多年，祖父奕訢就已经被慈禧排挤在权力核心之外，但其皇室嫡亲的血脉却是不可否认的。出生第三天，光绪皇帝即为其赐名"溥儒"，五个月蒙赐"头品顶戴"。溥儒天资聪颖，4岁启蒙，同时习满文、外语和数学。10岁时与慈禧同游昆明湖，太后命他赋诗万寿山。溥儒出口成章："彩云生凤阙，佳气满龙池。"太后大悦，称他是"本朝灵气都钟于此童"。学书法，12岁能写成行的草书，还兼习祖传的马上骑射功夫。15岁入贵胄法政学堂专攻西洋文学史。18岁在礼贤书院习德文。19岁应德国亨利亲王之邀游历德国。回国后，曾隐居北京西山的戒台寺，潜心读书，研习书画诗词、文艺理论。后又迁到颐和园专门研究经学、史学，这种长期的专业学习养成了他渊博的学识和儒雅的气质，对他日后的书画艺

恭亲王奕訢嫡孙溥心畬的画作

术影响至深。溥心畬曾自言“如若你要称我为画家，不如称我为书家，如若称我为书家，不如称我为诗人，如称我为诗人，更不如称我为学者”。

溥心畬的画风并无师承，全靠自悟古人书法名画以及书香诗文孕育而成。其天潢贵胄的特殊身份，使他能够饱览别人难得一见的宫廷藏画。恭王府收藏颇丰，甚至不乏稀世国宝，如韩熙载的《照夜白图》、陆机的《平复帖》、怀素的《苦笋帖》、颜鲁公的《告身帖》、温日观的《薄桃帖》等等。而辛亥革命的爆发、清王朝的覆灭，使他体验到了“颠沛丧乱，苦心志而伤世变”，这样的心境常常体现在他的画作之中：萧疏高逸、古雅清寂中平添了一层落寞之情。他的画面上经常出现的亭台楼阁、高古人物，虽然气派豪华，自有一股王家气势，但又总要加上寒林、淡雪、孤帆，恍若镜花水月，可望而不可得。溥心畬常名“寒玉”，画作上常钤“旧王孙”款名，即是这种没落贵胄情绪的极好写照。西山戒台寺是光绪十七年由恭亲王出钱重修的，后来里面还供着奕訢的牌位，虽说是有名的唐代古寺，却几乎成了溥心畬的家庙。他和弟弟在庙中读书，有成群佣人及和尚服侍。

如此优越的条件，加之与家藏古画朝夕相伴，耳濡目染、潜移默化之下，使得他很快画技大长。1924 年，溥心畲迁回恭王府的萃锦园居住，开始与张大千等著名画家往来。两年后，他在北京中山公园水榭举办了首次书画展览，其作品丰富、题材广泛，一时轰动北京，画名大著。著名作家、文学评论家台静农先生赞其画为能挟“天才学力，独振颓风”。《花随人圣庵摭忆》评论当年北京名画家时说：“惟有心畲出手惊人，俨然马夏（马远、夏圭）。”

恭王府原为乾隆朝大学士和珅的旧宅，据红学专家周汝昌先生考证，此地在和珅之前亦曾是清代大文学家曹雪芹家的旧居，而王府后花园萃锦园正是《红楼梦》中大观园的原型。或许正是此处的钟灵毓秀才孕育出溥心畲这样的一代才子吧！

作为南北两画派代表人物，溥心畲与张大千之间不仅私交甚厚，而且常在艺术上互相切磋补阙。张大千每有新的字画收藏，必拿去请溥心畲鉴赏、题字。张大千曾谦虚地对周肇祥等朋友说：“我山水画画不过溥心畲，中国当代有两个半画家，一个是溥心畲，一个是吴湖帆，半个是谢稚柳。”张大千在给友人郭子杰作的雪景山水画中题道：“并世画雪景，当以溥王孙为第一，予每避不敢作。此幅若令王孙见之，定笑我又于无佛处称尊矣，子杰以为可存否？”20 世纪 60 年代，张大千还在自己 40 年回顾展的自序中写道：“柔而能健，峭而能厚，吾仰溥心畲。”溥心畲对张大千的画艺也非常敬重，曾多次赞美张大千。溥心畲和张大千 1955 年在日本相逢时，张大千拿出自己的照片请溥心畲题诗，溥心畲题道：“滔滔四海风尘日，宇宙难容一大千。却似少陵天宝后，吟诗空记李青莲。”并说：“大千画用粗笔可横扫千军，用细笔如春蚕吐丝。”

溥心畲和张大千同居颐和园时，两人经常合作书画。当代书法大师启功先生在《溥心畲先生南渡前的艺术生涯》一文中对溥、张二位大师联袂创作的情景，作了形象地描写：“一张大案，二位各坐一边，旁边放着许多张单幅的册页纸。只见二位各取一张，随手画去。真有趣，二位同样好似不假思索地运笔如飞。一张纸上或画一树一石、或画一花一鸟，互相把这种半成品掷向对方，对方有时立即补全，有时又再画一部分又掷回给对方。”可见二人的合作已到了心领神会的境地。两人画名并重，友情深笃，“南张北溥”的美誉由此传开。1963 年 11 月，溥心畬在台北逝世后，张大千从南美千里迢迢赶回台北，为老友题写碑名，并带上妻子、女儿和弟子到台北阳明山公墓施跪拜大礼，含泪祭奠这位已故的老友。

1931 年“九·一八”事变后，溥仪在日本扶持下成立伪“满洲国”，为了利用溥心畬的名气，曾多次派人“明旨”“暗诏”地邀请自己这位皇兄前往“新京”（今长春）“共商国是”。溥心畬不仅不为所动，还著文明志，斥责溥仪“作嫔异门，为鬼他族”，并以“百死唯余忠孝在，夜深说与鬼神听”的诗句表明心迹。1937 年日本人占领北京后，多方物色北京社会的上层人物加入其伪政府，为其装饰门面，粉饰太平。溥心畬广博的知名度和天潢贵胄的身份自然十分符合日本人的要求。当时驻北京的大特务头子土肥原曾多次拜访溥心畬，邀请其主持华北的文化工作，并以高官厚禄相许，可溥心畬始终不为所动。日本人又以危言恐吓并加以暗杀威胁等，但溥心畬终究没有屈服，携夫人搬入万寿山居住，直到抗日战争胜利，保持了一个旧王孙特有的民族气节。1946 年，国民政府迁都南京，溥心畬重又迁回恭王府居住，并当选为“国民大会”满族代表，赴南京出席行宪国民大会，并在南京举办了溥心畬、齐白石联合展览。当时国共和谈尚未破裂,中共代表团负责人之一的叶剑英曾多次到溥心畬住地看望他。

溥心畬之妻罗清媛系清末著名的守旧顽固派代表之一、曾任陕甘总督的升允之女，二人于 1914 年完婚。罗清媛在国画艺术上造诣很高，尤其擅绘梅花。夫妻二人可谓琴瑟和谐，并在 1930 年共同举办画展。两人育有一女二子，女儿被称为“三格格”，因婚后夫妇不和郁闷病故。次子夭折；长子溥孝华生于 1924 年，本名爱新觉罗·毓昱，又被称作“大阿哥”，后娶了溥心畬的得意女弟子姚兆明。溥孝华师承其父，书画造诣极高，评家誉其书法“功力仅次于溥心畬”，另外在摄影上他也造诣颇深。1946 年，罗清媛去世，溥心畬的生活由其生前的侍女雀屏（李墨云女士）照料，不久二人便长期生活在一起。

抗战胜利后，溥心畬曾几度南游，流连于秀美的湖光山色之间。然而国民党挑起的内战中断了他的西湖之旅，仓促间避战至舟山。后来又身不由己，携子远赴台湾。溥心畬初在“台湾省立师范学院”及东海大学任教，后与先后来台的张大千、黄君璧（人称渡海三家）一起共同掀起了台湾画坛的蓬勃之势。这期间是溥心畬教学、绘画和书法创作的高峰期，他多次到国外讲学并举办画展。前香港特首、现任全国政协副主席的董建华先生的妹妹董建平在她的回忆录《思念父亲董浩云》一文中曾这样写道：“父亲喜欢书画，溥儒、张大千是他的挚友。有一阵，溥儒先生在我们日本的家小住，那时候我还小，看见一个瘦瘦长长，穿一件蓝色长袍的伯伯在家里走动，长长的指甲里都是墨，只觉得古怪和好笑”。据说，当时宋美龄也曾起意欲跟随溥心畬学画，溥心畬却表示，清王朝是被中华民国推翻的，如果教授宋美龄，岂不是愧对列祖列宗？旧王孙的脾性竟一点儿未改，弄得宋美龄啼笑皆非，只得作罢。

1963 年 11 月，溥心畬患鼻咽癌在台北病故，葬于阳明山。其生前所著的《秦汉瓦当文字考》《汉碑集解》《寒玉堂论画》和《溥心畬画集》等多部著作以及绘画作品 393 件、书法 150 件、所藏书画 13 件、文具、印章墨拓等 63 件等统由溥孝华夫妻保管。估计溥心畬怎么也不会想到，自己遗留给儿子儿媳的这些东西最后竟为他们招来了杀身之祸。

1986 年，溥孝华在荣总医院住院养病，单独在家的姚兆明竟不幸遇害，死状极惨。据外界推测，是有人觊觎溥心畬价值不菲的大批作品，胁迫姚兆明说出藏放作品的所在，姚兆明宁死不说，结果惨遭不幸。一时之间，姚兆明的娘家、雀屏等人都向溥孝华争要溥心畬的画作，病榻上的溥孝华遂决定委托溥心畬的弟子及亲族秦孝仪、丑辉瑛、罗淑琴等八人组成托管小组保管父亲所有画作。自己则卖掉了北投的大宅，拿出 50 万元给姚兆明家人，平息争画的风波；再拿出 400 万元给照顾他的陈宝楠（溥心畬的义子小嘎子）。1992 年溥孝华去世，八人托管小组将溥心畬的画作分为三部分，一部分交给台北故宫博物院，一部分给了溥孝华夫妇任教的文化大学华冈博物馆，一部分给了历史博物馆，使得一代大师的作品终于得以完整地保存下来。

末代摄政王家族的凡间传奇

1. 摄政王载沣超脱于改朝换代

溥仪逊位之后，曾经的摄政王载沣只求维持对皇室的优待条件不变，自己则生活得十分低调。“张勋复辟”的闹剧上演后，载沣冷眼旁观，自始至终都未曾参与。后来，溥仪潜往东北，不少宗室亲贵纷纷趋之若鹜，唯独载沣极力反对，认为“凶多吉少”。伪“满洲国”建立后，溥仪一再让他举家迁往东北，日方代表也屡次前来劝说他前往长春，但载沣始终犹疑不定，甚至一直把最小的儿子溥任和最小的两个女儿韫娱、韫欢留在身边不放。虽然执政时稍逊魄力，但在当时复杂的局势下，载沣能够迅速看清形势，从此不再过问政治，不似其他宗室犹做些困兽之斗，也算是识时务者为俊杰了。

1925 年正月一个漫天飞雪的上午，一向平静的醇王府因一个人的意外造访变得不再平静——被尊称为“国父”的革命领袖孙中山先生突然造访醇王府，拜访载沣这位被革命推翻的皇族权势人物，一下子引起了王府上下极大的震动。孙中山先生赞扬载沣在辛亥革命后毅然辞去摄政王之职是具有远见的爱国行为，能以国家和民族利益为先，舍去家族利益，在“逊位”后态度冷静，视复辟而不见，更是难能可贵。同时对载沣因多方掣肘

晚年的载沣与家人

未能除去袁世凯表示了理解，令载沣深受感动。孙中山先生还特意在两人的合影上亲笔题写了“醇亲王惠存，孙文赠”。没想到仅仅一个多月后，孙中山先生竟溘然长逝。载沣听闻消息后十分悲痛，将那张珍贵的合影供在书房里，围上素色白花，每日秉烛焚香，以示祷念……

在王室亲贵之中，载沣属于能够较快接受新事物的那类人。当年从欧洲回来后不久，他就购置了一辆西式四轮马车。后来，安装电灯电话、穿西服、买汽车，很是赶时髦。作为遗老遗少中地位最尊的人，载沣却是最早剪掉辫子的那拨人之一。载沣为人宽厚，生活简单，凡事皆是“照例”——从饮食、穿戴、发式，甚至到有病吃什么药都无须请示。载沣十分享受这种 “有书真富贵，无事小神仙”的日子，与其胞兄光绪帝载湉及其子宣统帝溥仪相比，也算是一种幸运吧。

1947 年，载沣与四子溥任一起利用王府办起了竞业小学。1949 年北平解放后，载沣将后海房屋售予重工业部附属工业学校。因生活受到国家照顾，载沣把王府的金印、银册等珍贵文物 40 多件和《廿四史》等 7000 多册图书捐献给文化部文物局，还陆续把府藏的一大批图书捐献给北京大学、北京图书馆等单位，又带头购买“胜利折实公债”（当时国家发行的一种国债）以响应淮北水灾捐款……载沣还率先废除了王府沿袭多年的繁文缛礼，欣然同意七女韫欢与一个平民自由恋爱，并派溥任作代表出席了二人的婚礼。

1951 年 2 月 3 日，载沣因多年老病外感风寒病故，3 月葬于北京西郊福田公墓。

周恩来总理曾对载沣作出过公正全面的历史评价：载沣身不由己做了摄政王，在其位时也算尽了力；辛亥革命后，他主动辞去监国摄政王的职位，既没有主张对革命进行武力反抗，也没有站出来反对宣统皇帝“逊位”，后来也没有参加过复辟活动，相当难得；尤其是没有屈从日本人的一再劝诱，坚持不去东北，充分表现了民族气节、政治胆识和魄力，更属难能可贵。

2. 末代皇叔在共和国活得有滋有味

在清王朝的遗老遗少中，末代皇叔载涛可是大名鼎鼎的人物。他与载沣、载洵一母同胞，曾留学法国索米骑兵学校。随着侄儿溥仪成为大清皇帝，亲哥哥载沣做了监国摄政王，载涛也成了当朝权臣，官至军咨大臣和禁卫军训练大臣。军咨大臣相当于参谋总长，统掌军令，而禁卫军训练大臣的主要职责是"保卫京畿"。不过生逢末世的载涛并没有在仕途上大有作为，反而因爱好广泛，喜交游，多才多艺，尤其是精于养马骑术而名扬京城，成就了自己的别样人生。

大清覆亡之后，根据当时议定的清室优待条件，家境殷实的载涛过起了深居简出的闲散生活。载涛别号野云，倒是他这一时期生活的绝佳注释。他或在府邸演戏养花、养鸟养鱼，或到马场赛马，或骑上自行车在北京大街小巷转悠，做的全是自己喜爱的事情。但1924年冯玉祥发动北京政变、逐溥仪出宫后，清室优待条件也随之不复存在，北京城的宗室一下子没了生活来源，日子越来越紧巴。载涛当然也不例外，先是卖掉了后海豪华的涛贝勒府，在宽街的山老胡同购置了一处较小的宅院，好歹维持着生活。解放前几年，北平物价飞涨，中央银行发行的"关金票""金圆券"形同废纸，载涛家一度连吃玉米面的局面也难以维持。为了生计，载涛只好悄悄把家中破旧衣物、什物变卖给走街串巷摇小鼓收买估衣的小贩，以贴补家用。后来，他干脆将家中用处不大或者暂时用不着的旧衣衫一一打点包好，与夫人一起骑上自行车到德胜门外的小市摆地摊。涛贝勒的名声很快就在此处的小贩中传开了。这种依靠卖破烂为生的日子几乎持续了一年多。堂堂皇叔卖破烂也算是世间少有了吧，但载涛却认为自己一不偷、二不抢，一点儿也不丢人。在此期间，载涛曾有两次"翻身"的机会。第一次是在伪"满洲国"成立后，前清皇族中的许多成员纷纷前去投靠旧帝。作为皇叔的载涛却一再拒绝了侄儿溥仪的劝说，坚称："我不去当亡国奴！"第二次是在日军投降前夕，载涛当年的老朋友、伪华北政务委员会委员长王揖唐希望载涛能出山帮他一把，同样被载涛婉言谢绝了。

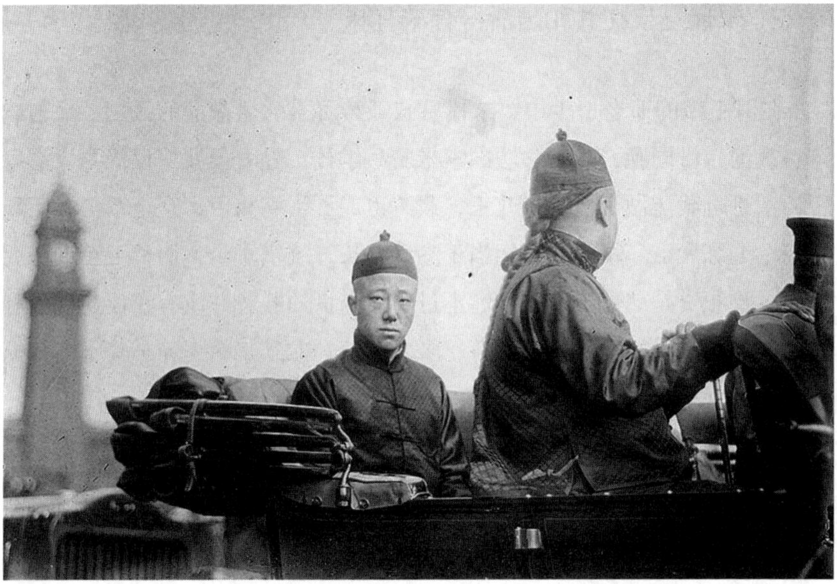

载涛出访美国时的情景（1910 年）

载涛（左四）在欧洲考察军事（1910 年摄于布达佩斯）

虽然贵为皇叔，载涛却有一个很奇怪的习惯：记账。对于每天的每一笔支出，他都要求账房先生详加记录。后来家道中落了，记账的事交由家人来做，但载涛每天都会亲自过问，一丝不苟。有一次，载涛和夫人对账之时，发现少了一包味精钱。夫人实在想不起来，为了应付他，就从自己衣袋里掏出两角钱充数，这才“蒙混”过关。第二天，夫人在她的短大衣口袋里找到了那包被忘掉的味精，交给载涛后，他竟立刻让记到第二天的账上，并将钱还给了夫人，颇为率真可爱。

载涛从十几岁起学习骑马射箭，还曾在法国索米骑兵学校进修过。他不仅骑术精湛，而且对马深有研究。他能只看一眼就说出一匹马有几岁口，并凭直观快速分辨出是骑马、驭马、驮马还是耕马，同时对马种改良也颇有造诣。当年西扬威胡同有个很出名的马号，就是载涛养马的地方。“七七事变”后，日军侵占了北平城后，剥夺了中国人骑马的权利。载涛一气之下把马和车都卖掉了，从此不再骑马。直到 1950 年 6 月，载涛受邀参加政协第一届全国委员会第二次会议，才得以再次发挥自己的专长，提交了一份“拟请改良马种，以利军用”的议案。周恩来总理对这一提案非常重视，很快交给了毛泽东主席。毛泽东对载涛赤诚的爱国之心、渊博的军马知识十分赞赏，8 月 10 日亲自签署任命状：任命载涛为中国人民解放军炮兵司令部马政局顾问——从担任宣统朝军咨府大臣、禁卫军训练大臣的王爷，一下子成了中国人民解放军的一员，这个变化不可谓不巨大。感到新生的载涛对自己的工作极其认真负责，不辞辛劳，先后到东北牡丹江，西北青海、甘肃、新疆等地军马场视察和指导工作。不久之后，他又当上了全国政协委员。1954 年、1959 年、1964 年，载涛又连续三届当选为全国人大代表。有一次载涛正在开会，忽然接到家人电话，原来家中房子塌了个大窟窿，他只得请假回去亲自张罗修房子。这件事不知怎么被毛泽东主席知道了，特意从自己的稿费中拿出 2000 元，由章士钊先生专程送到载涛家用来修房子，令载涛感动得热泪盈眶。正是有感于这份知遇之恩，这位末代皇叔积极建言献策，追求进步，并在 1956 年以古稀之龄加入了中国国民党革命委员会。载涛的入党介绍人李济深、张联芬对他做出了这样的评语："本表申请入党人虽系清代贵族，从辛亥革命后，已为平民化。解放以后首先加入全国政协，任马政局顾问，对改良马种的建议，尤多献替。后又膺选为人代大会满族代表，有代表性。思想上有进步要求，特为介绍加入我党组织。"

载涛还是著名的京剧票友，造诣很深，被京剧界誉为"外行中的内行"。他曾跟当时京城里有名的架子花脸钱金福学戏，练就了一手过硬的靠背武生的功夫，既能长靠又能短打。尤其擅长猴戏，与杨小楼均为张淇林亲授，李万春还曾随他学戏三年。在专攻武生的基础上，载涛又跟名旦余玉琴学起了《贵妃醉酒》。1966 年，在时任文化部长沈雁冰的建议下，中央戏校专程派车接载涛前去教戏。时值春末，载涛却把外衣脱掉，只穿一件背心教戏，令在场的人十分感动。本来原计划让载涛在戏校教授《安天会》《芦花荡》《贵妃醉酒》三出戏，可惜连《安天会》一出还没教完，"文化大革命"就开始了。

载涛还酷爱骑自行车。最初只是为了找乐子、寻开心，因经常骑着车满城转悠，他对城里的胡同可以说是如数家珍。载涛还让家里人都学骑车，贝勒府里上至夫人格格，下到听差仆佣，不论大人孩子都是他手把手地亲自教会的。记账时的载涛看起来似乎很吝啬，其实只要是该花的，他还是非常慷慨的。家里的人，无论是谁，只要学会骑车就给买一辆，连喂马、赶车、管账的也不例外。有一个时期，载涛府犹如自行车行，男式的、女式的，菲力普的、凤头的，有十几辆之多。在担任马政局顾问后，载涛每天都坚持骑着自行车上下班。总后机关离载涛住的东城区西扬威胡同有 10 余公里，家里人认为他年岁大了不宜再骑车。反复劝说之下，载涛才许诺说到了 80 岁就再也不骑了。1966 年，载涛 79 岁了，眼见离自己承诺的 80 岁已经不远了。在他的极力游说下，儿子陪同载涛一大早就骑车出发，完成老爷子想看看自己最远能骑多远的心愿。这一去就是一天，直到晚上六七点钟，两个人才风尘仆仆地回来。家人一问，居然骑车到了十三陵！

载涛作为光绪皇帝的胞弟、宣统皇帝的叔父，德高望重，平易近人，又热心为家族成员办事，因此解放后一直被视为爱新觉罗家族的“族长”。1955 年 7 月 5 日，载涛出席中华人民共和国第一届全国人民代表大会第二次会议时，与毛泽东主席首次会面。毛主席亲切地同他握手，并交给他一项任务：探望尚在抚顺战犯管理所改造的溥仪。1957 年，载涛携三侄女、五侄女去东北抚顺战犯管理所，探望了溥仪和他的两个侄女婿润麒和嘉熙。会见中，载涛向溥仪详细介绍了皇室家族在党和人民政府关怀下的进步，讲了党对少数民族的政策，以及国家建设取得的辉煌成就，并叮嘱溥仪好好改造，争取早日成为新人。

1970 年 9 月 2 日，载涛因病在北京逝世，终年 84 岁，骨灰安放在北京八宝山革命公墓。

3. 末代皇帝和他兄弟姐妹们

帝王家的亲情与寻常人家大不相同，更多的是被湮没在等级森严的君臣关系里。末代皇帝溥仪自三岁入宫，贵为天子，几乎就与亲情无缘了。

溥仪兄弟姐妹一共 11 个，为两个母亲所生，其中有两个夭折。溥仪与自己的这些弟弟妹妹第一次相见是在 1917 年，那年溥仪 11 岁。据记载，宫中的太妃们决定让溥仪的祖母和母亲进宫“会亲”。据溥仪在《我的前半生》中所言，进宫会亲那天，溥仪的二弟溥杰和大妹也跟着进宫来陪溥仪玩了几天。起初，溥杰二人十分拘谨，“规规矩矩地站在地上，一动不动地瞅着，就像衙门里站班的一样”。于是，溥仪将二人带到自己居住的养心殿，开始一块儿玩捉迷藏。三人一度玩得非常开心，高兴得又笑又嚷。可当溥仪无意中瞅见溥杰的内衣居然很像帝王才能使用的明黄色时，立刻恢复了他帝王的身份，根本不听溥杰的解释，刚刚融洽的兄弟情立刻在溥杰的惊惶之中荡然无存。此后，这样大型的会亲再也没有了。

溥仪在日本人扶持下成立伪“满洲国”后，其二弟、二妹、三妹、四妹、五妹也跟着去了东北，唯有最小的弟弟溥任，六妹韫娱、七妹韫欢被父亲载沣强留在身边。“九・一八”事变以后，溥任曾陪同父亲去过一次东北，看望溥仪和溥杰。当载沣看到他们处处受制于日本人以及关东军飞扬跋扈的样子，痛心之余更不愿留在东北，遂装病不吃东西才得以脱身回到北京。1945 年抗日战争结束后，溥仪、溥杰、溥仪的三妹夫、五妹夫和三个侄子都被带到苏联改造，兄妹从此一别就是十几年。

1955 年夏天，在抚顺战犯管理所改造的溥仪开始了同弟弟妹妹的通信联系。在国家的关心下，1956 年 3 月，溥仪和一同改造的二弟、三妹夫、五妹夫和三个侄子见到了别离了十多年的七叔载涛和三妹、五妹。溥仪在《我的前半生》中记载：“看着健壮如昔的胞叔和穿着棉制服的妹妹们，我好象走进了梦境。我亲眼看到妹妹们身上的变化。我做了俘虏之后，曾担心过这些妹妹会因汉奸家属的身份而受到歧视。这几个妹夫不是伪满的军官，就是伪政权的官吏，只有六妹夫和七妹夫是两个规规矩矩的读书人，不过她们会不会被汉奸头子的哥哥牵累上呢？我心里也没有底。这类的顾虑是同犯们共有的，我的顾虑比他们更大。”一切都是那么出乎溥仪的意料：四弟溥任利用醇王府的空房子，办了个私立的竞业小学，父亲载沣是董事长，溥任是校长，学校办得有声有色，最多时有 200 多个学生；七妹夫妇是小学教师，六妹夫妇是画家，娇滴滴的“五格格”自学缝纫，做了缝纫工人；娇慵懒散的“三格格”积极追求进步，得到了街道邻居们的信任，被选作治安保卫委员，成了社会活动家；二妹的大女儿，一个体育学院的二年级学生，已经成了业余的优秀汽车教练员，最近驾驶着摩托车完成了天津到汉口的长途训练……处处洋溢着幸福美满的气氛。

国庆十周年前夕，毛泽东主席代表中共中央向全国人大常委会提出建议，特赦一批确实已经改恶从善的战争罪犯。1959 年 9 月 13 日，溥仪作为特赦名单的第一个重获自由。12 月 9 日，溥仪回到了阔别 35 年的北京。当接站的四弟和五妹紧紧握着他的手，以“大哥”相呼时，溥仪切身感受到了自己家族已经开始的新生活。此时，溥仪的二妹已办起了街道托儿所，忙得连头晕的老病也没有了，而二妹夫则是邮电部门的工程师，四妹在故宫档案部门工作。在七叔载涛家里，溥仪亲眼看到，十几位“红领巾”拥满了屋内屋外——这些都是他的子侄。还有一些已成为工人、干部、医生、护士、教师、汽车司机，投身到了建设社会主义的伟大洪流中，甚至还有为祖国立下功勋的志愿军英雄战士，加入了共产党、共青团的先进行列。

对于二弟溥杰与嵯峨浩的婚姻问题，溥仪认为是由日本方面包办的政治婚姻，自然应随着日本的战败而解体，所以一回到北京就要求溥杰与其离婚，使得溥杰苦不堪言。1961 年农历春节前夕，周恩来总理和邓颖超大姐特意请爱新觉罗一家到中南海西花厅吃团圆饺子。席间，周总理提出要大家一起商议溥杰的家庭问题。溥仪依旧坚持己见。溥任认为二哥和二嫂还是有感情的，不应该拆散他们，应该让他们团聚。七妹韫欢表示了赞同，年迈的载涛也表态赞成。周总理、邓大姐很高兴，嘱咐溥杰立刻写信请嵯峨浩回国团聚。

此后，溥仪和弟弟妹妹们联系一直很频繁，经常一起吃饭、看京剧。他生病住院之后，弟弟妹妹们也常来医院看他。从当皇帝时的无人真心关心到晚年尽享人伦亲情，相信溥仪更留恋后者吧。

第七章

王府往事的一声叹息

代善支脉的三座铁帽子王府

虽然礼亲王代善家族拥有一门三王的荣耀，但正如他们后代的命运一样，三家铁帽子王的府邸也经历了动荡与磨难，到如今已基本上“物非人非”。

无论是就资历还是威望而言，礼亲王在大清朝十二家铁帽子王中的地位都非同一般，所以礼亲王府也就格外不寻常。要不怎么过去的北京城有句老话，说“礼王府的房，豫王府的墙”，意思就是说礼王府的房子多，豫王府的院墙高。礼王府到底有多少房，我们可以通过一些历史线索大致做个了解。

据记载，礼亲王府最初的位置在今天的西四南大街缸瓦市，后来稍稍移位到今西城区西皇城根南街路西，南起大酱房胡同，北至颁赏胡同，占地约 30 万平方米，其所在地在明代是崇祯皇帝的外戚周奎的私宅。清朝入关进驻北京之后，此地为代善所有。现在礼王府大殿门下部还雕有云龙，而且其工艺为明代手法。代善死后，他的第七子满达海袭为巽亲王，此时的王府仍在缸瓦市。康熙年间，康亲王杰书颇受宠，王府得到大规模扩建。据说扩建之初，康熙下旨命天下资助，陈设也由各地官员献纳，所以礼亲王府之豪华甲于他府。1778 年，乾隆皇帝恢复礼亲王的封号，康王府改称礼亲王府。1807 年，礼亲王府不幸失火被毁，嘉庆皇帝再度赐银，命其按照原式重修，而重修后的格局也保持到了清末。在清代所建的诸多王府中，礼亲王府与豫王府同为规模最庞大的建筑群落。根据《乾隆京城全图》记载，整座王府呈长方形，规模雄伟，占地宽广，重门叠户，院落深邃。王府分中、东、西三路，中路为主体建筑，有府门、宫门、银安殿，殿前有丹墀；有两侧翼楼、后殿、两侧配殿；有启门、神殿前出轩、两侧配殿；有后罩楼、两侧转角配房、后罩房，共有房屋五重、院七进。东路由十二进院落组成，是王爷和其家人休息的房间。西路由花园、屋宇等十一进院落组成，亭台楼阁错落有致，设计得十分巧妙。据说整个王府共有房屋、廊庑等 480 余间，要不怎么有“礼王府的房”的说法呢。

不过就如同许多清代王府一样，礼亲王府的命运也颇为坎坷。1927 年，礼亲王诚堃因经济拮据，将王府前半部售给华北大学文法学院作为校舍。华北大学由蔡元培任校长，因属私立而经费拮据，无力对原有建筑进行改建，而王府也无形间得以完好保护。在华北大学租用期间，末代礼亲王濬铭全家仅住王府的后半部。1943 年，日本人市谷留治郎介绍将王府售与“满铁”，濬铭携全家搬出。1949 年后，华北大学收回王府所有权，并且为国家接管华北地区的机关、企业单位培训了大批干部。如今，礼亲王府内除了中路建筑大多保存完好，其余部分已面目全非，而这已算是保存较好的清代王府了。

与礼亲王府相比，作为代善支系的克勤郡王府和顺承郡王府就没有那么幸运了。克勤郡王府位于今西城区新文化街西口路北。在众多铁帽子王中，克王府占地面积极小，总建筑面积仅 3717 平方米，但建筑精致。其正门面阔 3 间，大殿 5 间，东西配楼各 5 间，后殿 3 间，后寝 5 间，后罩房 7 间。东西各有数进的小院，布局紧凑，倒也不失精巧。在民国时期，迫于生计的末代克勤郡王晏森将王府售给了北洋政府前国务总理熊希龄为住宅。熊希龄一生热心公益，后以本人与夫人朱其慧的名义，将所有家产交由北京救济会，成立熊朱义助儿童幸福基金社。结果克勤郡王府被改为小学，建国后改为石驸马二小，后又更名为第二实验小学。由于在“文化大革命”期间遭到大规模破坏，因此原来的克王府已面目全非，只有路南影壁尚存，前部只存东翼楼；后部的内门、后寝与东西配房、后罩房均保

民国初年的礼亲王府

民国初年的礼亲王府

民国初年的礼亲王府

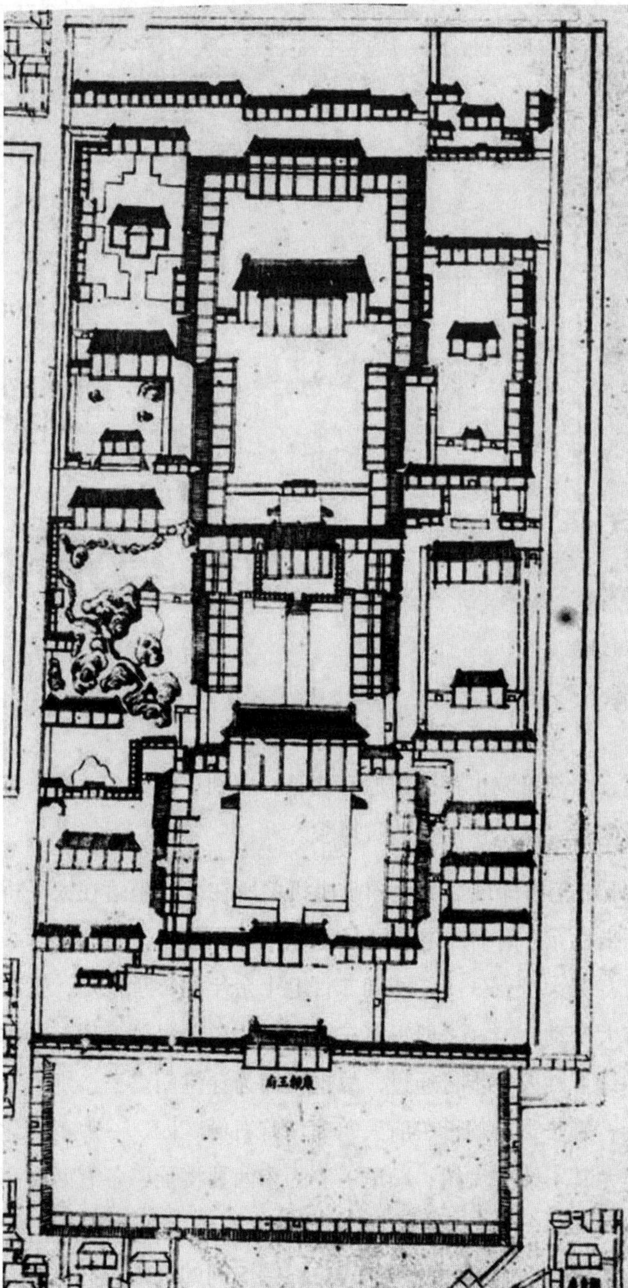

礼亲王府平面图

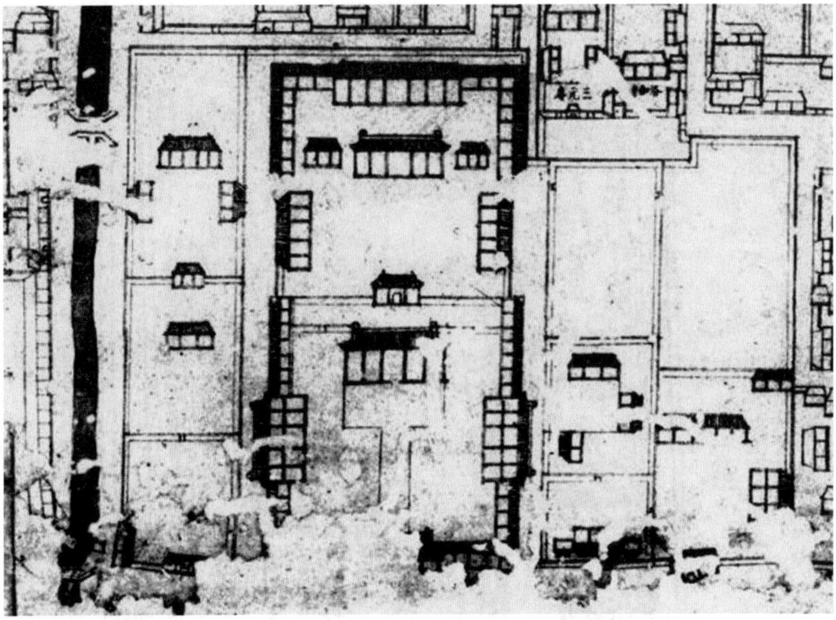

克勤郡王府平面图

存完整；西部跨院也存大部原有建筑。直到本世纪初，有关方面又对王府进行了修葺，基本恢复了昔日风貌。

顺承郡王府即现今的全国政协机关所在地，坐落在太平桥大街以西，锦什坊街以东，南临武定胡同，北到大麻线胡同，占地两万六千多平方米。该王府有四大特点：一、清朝二百七十余年间传承稳定，王府建筑格局基本没有大变动。二、一般王府东西阿斯门白天只开一扇，顺承王府两扇全开，容许百姓人等步行通过，故也被称为穿堂门。三、别的王府门前都有两座大石狮子，而顺承王府大门前没有石狮。四、一般王府建筑中路没有树木，尤其不能有大树；顺承王府的东西翼楼前，各有两棵高大的楸树。据《乾隆京城全图》描述：顺城郡王府，中路主要建筑有面阔 5 间的正门，门左右连接各面阔 9 间的倒座房，面阔 5 间的大殿、有丹墀，面阔各 5 间的东西配楼、有转角廊与大殿连接，面阔 3 间的后殿，面阔 5 间的后寝，

张学良

赵四小姐

面阔各 5 间的东西配殿，面阔 9 间的后罩楼。东、西路有数进院落，为附属建筑、不甚规整的生活居住区。整座王府面积大小适中，布局十分严整。

到末代顺承郡王文葵手中时，由于收入来源断绝，最终不得已将王府出租给皖系军阀徐树铮。不料直皖战争爆发，皖系失败，张作霖率领的奉军作为胜利者进入北京，顺势占据了徐树铮居住的顺承郡王府。后来经人说和，张作霖于 1921 年以七万五千元的价格买下了顺承郡王府作为府邸。值得一提的是，风流倜傥的张学良此后几年间一直随父亲住在顺承郡王府，1928 年皇姑屯事件后才返回东北。1931 年“九・一八”事变后，张学良重回北平，仍住在顺承王府，直到 1933 年出国考察。正是在这里，少帅与赵四小姐上演了一段著名的爱情。据说张学良和赵四小姐住在这里时，曾经在王府里建了网球场。

新中国成立后，政府于 1950 年从张学良的亲属手中购回顺承王府，将其作为全国政协的办公地，后又在这里新建了礼堂。值得一提的是，中共八大就是在政协礼堂召开的。

铁帽子王府并非“不动产”

1. 睿亲王被赶到了皇城外

由于睿亲王家族经历了跌宕起伏的命运波折，因此他们家的府邸也多有变化。当年多尔衮在世时，权势显赫的睿亲王将府邸建在了紧靠紫禁城的南池子东侧南宫旧址。南宫在明代时为皇城东苑，占地十万平方米，本是太子居住的地方，明代的两位皇帝英宗和代宗都曾被幽禁在这里。到了清代，南宫又成为睿亲王多尔衮的摄政王府。多尔衮利用了重华宫旧址，将摄政王府建造得宏伟壮丽，某些方面甚至超过了皇宫。王府的地基高于地面几丈有余，加之殿宇宏伟，四周绕以 36 根檐柱，檐椽为三层。多尔衮掌权期间，摄政王府前每天都是车水马龙，大小官员往来穿梭，这里实际上已成为当时全国的政治中心。多尔衮每天召集百官来府议事，然后再将已决之议拿到朝廷去走个过场。后来他嫌麻烦，干脆将皇帝发布谕旨的玉玺搬回府中，而这也成为他死后遭到清算的罪名之一。

多尔衮死后，他的睿亲王爵位被削除，而摄政王府邸也随之被废弃。直到乾隆年间多尔衮恢复名号之后，朝廷才将昔日的多尔衮王府改建成玛哈噶喇庙，后又翻修扩建，改名为“普度寺”（后被民间称为“普渡寺”）。直到 20 世纪 60 年代初，这里一直都有喇嘛居住。不过在“文化大革命”期间，普渡寺连年遭到破坏，建筑被毁，大殿也被改作仓库。与此同时，

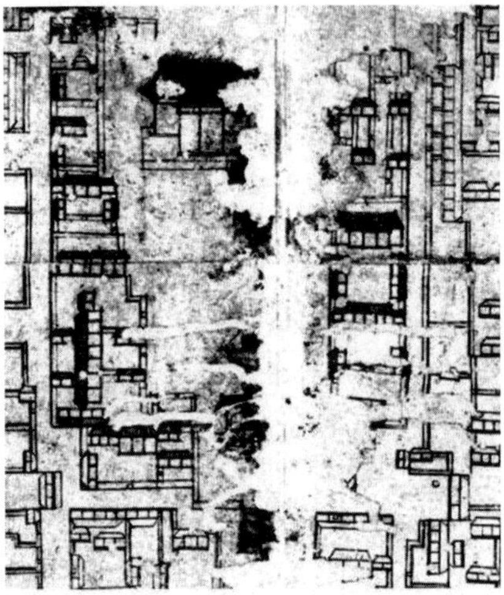

玛哈噶喇庙（老府）

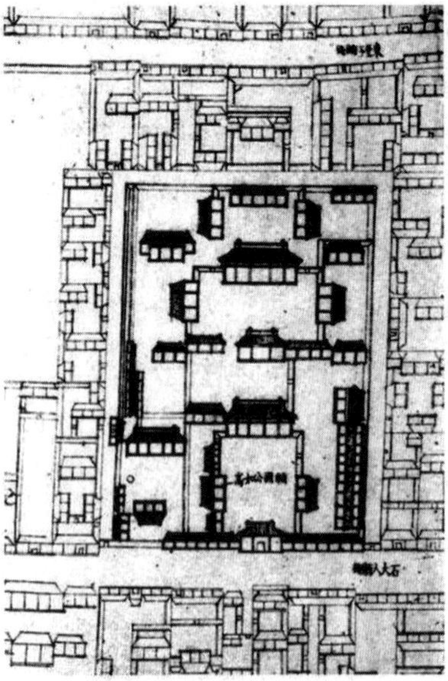

新府（石大人胡同）

睿亲王两座府邸平面图

昔日地处皇家禁地的南池子一带形成居民区，普渡寺更是遭受着严重破坏。山门被改建为粮店，大殿则成为了南池子小学的教室和仓库。直到2001年，在有关方面的努力下，普渡寺高台上的居民以及大殿里的南池子小学才陆续搬迁撤出。

多尔衮获平反并恢复爵位后，因其没有后代，考虑到他生前曾将豫亲王之子多尔博过继为嗣，朝廷便命多尔博五世孙淳颖复爵睿亲王，同时将位于石大人胡同（今外交部街）的淳颖宅邸作为睿亲王新府。睿亲王新府的规模十分宏大，曾有房500多间。中路建筑如同缩小的紫禁城三大殿，有东西翼楼、银安殿、二道门、神库、安福堂等殿堂。西路为王府花园，东路为宗祠，大厨房、磁器库、灯笼库和戏台等，府门外还有马圈和车房。不过就如同旧府的命运一样，在岁月的变迁中，睿亲王新府在王朝末年几经易主，如今已成为北京市第二十四中学的所在地。而昔日气势非凡的铁帽子王府，也只剩下了府门前那两只被埋入地下的石

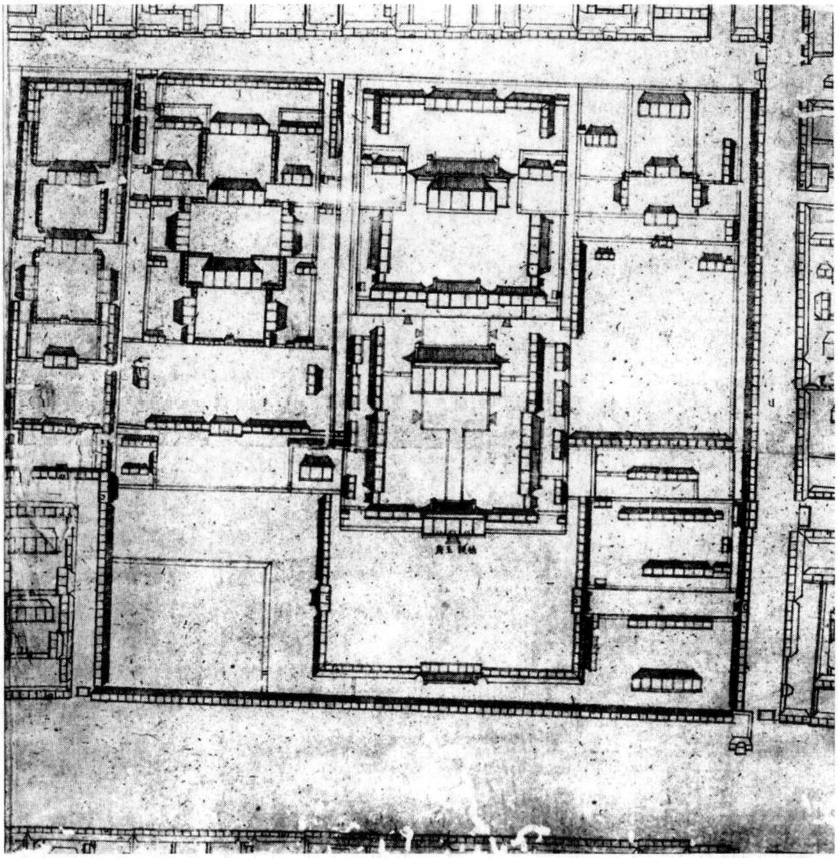

第一座怡亲王府平面图

狮子与一株大树。

2. 怡亲王搬了三次家

由于怡亲王家有如此复杂的变动，因此怡王府也经历了多次变迁，最终出现了三座王府。

第一座怡亲王府坐落在王府井帅府园，即今新东安市场东侧一带。当

第二座怡亲王府

年这座王府占地面积很大，气势宏伟，据乾隆年间的地图显示，除王府井东边临街的一些地方外，校尉胡同以西，金鱼胡同以南，帅府园胡同以北，包括原中央美术学院都属怡亲王府。不过，如此宏伟的王府却只有第一代怡亲王允祥居住过。因为在允祥去世后，悲痛万分的雍正为了纪念这位皇弟，下旨将其王府改为贤良寺，还亲自书写御制碑文。到乾隆年间，贤良寺又稍稍东移至冰盏胡同路北。尽管面积比之前大为缩小，但贤良寺却在清代历史上扮演着越来越重要的角色。由于该寺临近皇宫，因此便成了外省的朝廷重臣进京朝见时的临时住处。特别是在清朝晚期，著名的曾国藩、李鸿章、左宗棠、张之洞等封疆大吏进京时都曾寄住于此。1900 年庚子事变之后，正在两广总督任上的李鸿章从广州调回北京与联军议和。当时的北京城里，八国联军宣布除了“两个小院落属于清国政府管辖”之外，京城的其他区域都由各国军队分区占领。而联军所称的“两个小院落”，一个是与联军议和的庆亲王府，还有一个就是李鸿章回京后居住的贤良寺。

第二座怡亲王府民国时被改为北平大学女子文理学院

第二座怡亲王府民国时被改为北平大学女子文理学院

第二座怡亲王府民国时被改为北平大学女子文理学院

北平大学女子文理学院校舍

1901年11月7日，一代名臣李鸿章正是在这里怀着无尽的惆怅离开了人世。在整个民国时期，贤良寺都对普通游人开放。据1935年出版的《北平旅行指南》记载，院中古柏参天，老槐荫地，房舍宽敞，十分幽静。由于寺内建筑宽敞，当年这里不但设有民众小学校，还曾开设了国殡仪馆，是北京最大的殡仪馆之一，1950年以后才停止使用。1950年后，原先居住在贤良寺内的僧众被遣散，部分房屋被作为校尉小学的校舍，而校长正是当时贤良寺的主持。之后，在几十年的岁月变迁中，原本肃穆静谧的贤良寺逐渐淹没在居民的大杂院中。而到上个世纪末期的旧城改造运动中，贤良寺的大部分建筑被拆除，现只剩下寺东边的一进小院，深藏在校尉小学的高楼东边。

既然十三爷的怡亲王府被改建成了贤良寺，朝廷便要为其继承人安排新的住所，于是便有了第二座怡亲王府。第二座怡亲王府位于朝阳门内北小街，今为部分中央单位所占用。当年这座新王府落成后，继袭怡亲王爵位的允祥第七子弘晓便迁居于此处，此后六代怡亲王均居住在这里。此府不仅占地广阔，且规模宏伟，堪称清代王府的典型建筑，其主体规模和构架至今保存得相对比较完好，也是北京现存较完整的王府之一。不过自从载垣获罪之后，怡亲王家的铁帽子和王府都被没收。1864年，该王府又被赐给道光皇帝第九子、孚郡王奕譓，后者于1871年晋爵为孚亲王，因其排行第九，故孚王府又俗称“九爷府”。民国时期，孚王府先是被售予奉系军阀张作霖的部下杨宇霆，后又曾相继用作北平大学女子文理学院校舍、国民党励志社北平总部等。

1864年，朝廷开恩恢复怡亲王家的铁帽子爵位，于是又有了第三座怡亲王府。第三座怡亲王府位于东单北极阁三条，此处原为宁良郡王府。由于当时朝廷决定改以宁良郡王弘晈（允祥次子）的四世孙、镇国公载敦袭怡亲王爵，并令其仍然居住在祖先留下来的宁郡王府，因此宁郡王府便摇身一变成为第三座怡亲王府。宁郡王府规模自然无法与前两座怡亲王府相比，况且末代怡亲王一生穷困潦倒，家业败落，如今这里早已物是人非，成为某艺术院团的所在地了。

紫禁城一角

3. 醇亲王二度成为“潜龙邸”

由于一家子出了两个皇帝，接连两处府邸都成了潜龙邸，按照清代规制，潜龙邸不再允许他人居住，只能作为皇帝行宫等他用。所以醇亲王一门在清代一共有三座府邸。

第一座府邸位于太平湖，又称“老府”“南府”，原为乾隆第五子永琪的荣亲王府。载湉即位后，奕譞迁至北府居住，又称“七爷府”。民国时，王府曾被改建为民国学院。20世纪50年代由机关所用，现为中央音乐学院。

第二座醇王府位于北京城内西城区后海北沿44号，该府在康熙年间是清初大学士纳兰明珠的宅第。1908年，载沣子溥仪（1906—1967）入继大统，载沣为监国摄政王之后，又称“摄政王府”“北府”。此府分为东、

醇亲王“老府”

末代皇帝溥仪在醇亲王“老府”

中、西三路，现东路、中路为国家宗教事务管理局，西路为宋庆龄故居。

在“北府”成为宣统帝潜龙邸后，载沣按规制在中南海集灵囿地区建监国摄政王府。袁世凯时期，为中华民国国务院，后为总统府，今为国务院办公用地。

4. 京、津两座庆王府

当年永璘对和珅的豪宅垂涎三尺，可儿孙不争气，爵位的迅速降低使奕劻不得不于咸丰元年（1851 年）迁出那座亲王级别的大宅子，迁至现定阜街 3 号原大学士琦善的老宅子。光绪十年（1884 年）奕劻晋封庆郡王后，遂按王府规制改建此宅，始称王府。该府占地 2.5 万平方米，南起定阜街，北至延年胡同，东起松树街，西至德胜门内大街，分东、中、西三路，气势宏伟，富丽堂皇。

奕劻去世后，其子载振、载搏、载抡将此府分隔为三个院落，各自另过。载振住府内西头一大部分，载搏住中间，载抡住东头一部分。外围群房为回事处，茶坊、库房以及男女奴仆的住房等。1923 年，载搏住的中间部分被大火烧光。后来，三兄弟相继迁到天津居住，北京旧王府留下部分奴仆看守房屋。1928 年，庆王府被方振武的军队占据作司令部，其士兵在一年多的时间里将府内存放的衣物、家具、器皿等盗窃一空。日伪时期，这所府第以伪联币 45 万元卖给了华北行政委员会。解放后，由人民政府接管，现为北京卫戍区占用。

老庆王府以西，有一所朝南的三合院，内有上房五间，旁边有几间平房，原为庆王府的马圈。解放后，经人民政府重新修建，于 1950 年 11 月拨给京剧大师梅兰芳一家居住，现为梅兰芳纪念馆。1984 年 5 月，北京市人民政府公布定阜大街老庆王府和梅兰芳故居为北京市文物保护单位。

天津的庆王府原为太监小德张的旧居。据载振三子溥铨回忆，这是一所中西合璧式的三层楼房，占地近 5000 平方米，后又加盖一层，作为“影堂”

（祖先堂），包括外围平房共有120多间。中间为大厅，四周一圈是正式住房，房外有围廊。载振全家20多口，分住在一二楼；楼外群房和地窨，由男女仆人及其家属约百人居住。室内布置富丽堂皇，一楼天井式方形大厅约有400平方米，当中悬挂三块御笔匾额——“宝胄蕃厘”“徽猷诩赞”“天锡纯嘏”。正中挂着一对西洋古典玻璃大吊灯。厅内摆有两个紫檀雕刻大长条案，四面摆置镶嵌螺钿的八仙桌椅和日本七宝烧大瓶等。正中为紫檀雕刻大围屏一座，两旁分摆大红雕漆刻人物插屏一对，前面设有一座硬木雕花螺甸宝座，旁有一对宫灯，好似旧王府的银安殿。前面的客厅、过堂除摆设瓷器古董外，壁上挂有康熙和乾隆御笔的大条诗幅，还有盖有慈禧玉玺的“嘉祉”“福寿”大字书幅的镜框等。府内大厅中还有一座可拆卸的小戏台，宽3米，进深2米，适宜演曲艺节目。楼东为一大花园。从这些描述不难看出他们生活的极度奢华。

载振死后，天津的“庆王府”传给了他的三个儿子溥钟、溥锐、溥铨，当地居民称为“钟锐铨公馆”。这座昔日的王府如今是天津市人民政府外事办公室的办公地。

豫王府变成了协和医学院

如同睿亲王家一样，在经历了顺治年间的政治打击后，尽管在后来恢复了爵位和名誉，但豫亲王家族的地位从此一落千丈，而多铎的后代中也几乎没有出过什么重要的人物。比较有名的就算是王朝末期的麟书和宝熙了。麟书是已革豫亲王裕丰（1769—1833）的孙子，咸丰年间考中进士，后历任侍郎、都统、尚书，以武英殿大学士致仕，谥文慎，入祀贤良祠。宝熙是豫悫亲王德昭（1700—1762）的七世孙，溥字辈，进士出身，官至学部侍郎，书法造诣很高。清王朝封的最后一任豫亲王名叫懋林（1892—1912）于 1899 年袭爵。懋林死后，年仅 4 岁的端镇（1909—1962）于 1912 年袭爵，成为最后一代豫亲王。当时，王府的事务完全由端镇的生母佟佳氏处理，结果正是在此期间，豫亲王家干出了一件轰动国际的奇事，成为社会上茶余饭后的谈资。

那是在 1916 年，由于家中生计困窘，末代豫亲王端镇（实际上是由佟佳氏做主）竟将自己王府以 12.5 万美元的价格卖给了美国的洛克菲勒基金会。此事一经传出，无论是在豫亲王家族内还是在社会上都引起了极大轰动。

要说在老北京，谁人不知“礼王府的房，豫王府的墙”这句话，由此可见豫王府当年是何等气派。而关于这句民间谚语的诞生，还颇有一番来历呢。据记载，建于顺治朝的豫王府位于东单三条胡同（今东城区帅府园

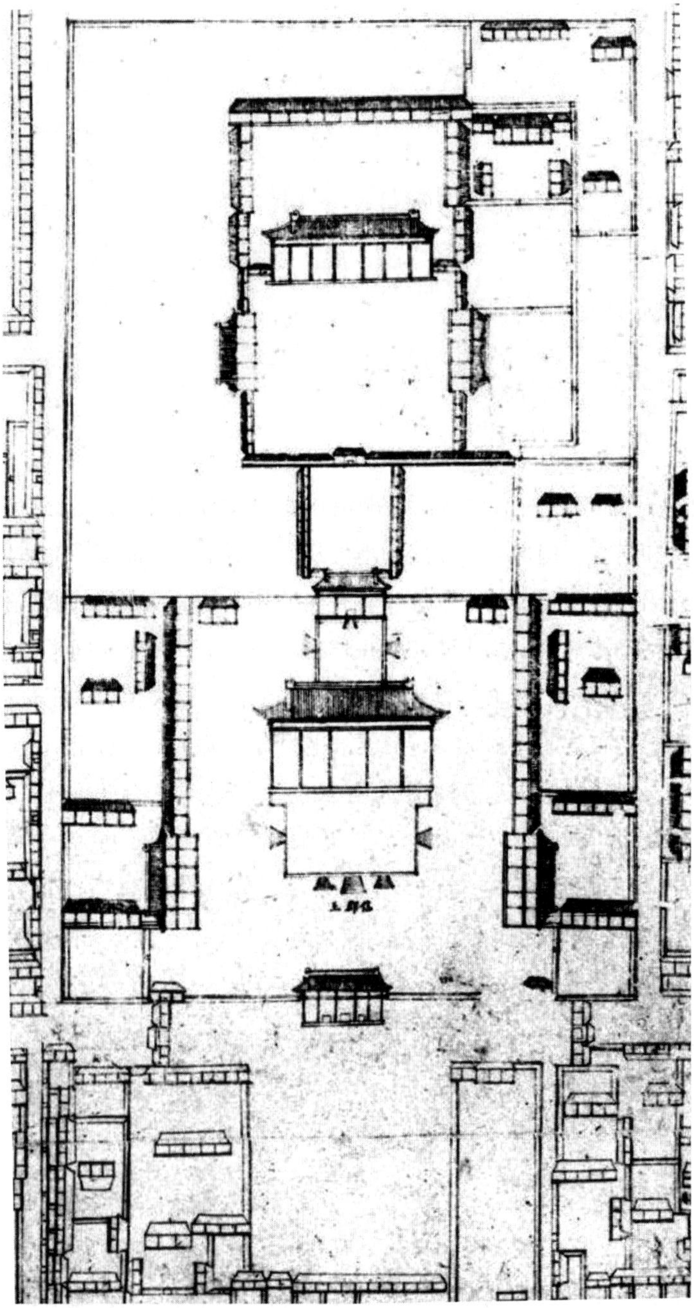

豫亲王府平面图

洛氏慈善基金会在华考察团

1 号），正门面阔 5 间，大殿 5 间，东西配楼 5 间，后殿 3 间，后寝 7 间，另有东、西两个小跨院，整体来说面积较小。传说在乾隆年间，第四代豫亲王棋艺颇高，经常进宫陪乾隆下棋。有一次君臣二人比试，结果是下成平手，胜负对等。怎么奖罚呢？乾隆灵机一动，说："朕也不赏你，也不抠你门钉。这样吧，朕准你府墙加高三尺！"府墙高低也是级别的表示，准加高府墙也就意味着赏给荣耀，因此豫王很高兴地接旨加墙。但后来他才明白，加墙实际上是把自己禁锢得更严实了，因为府墙和大狱的院墙一般，乾隆的意思实际上是囚禁豫王终身。从此，北京城就留下了"礼王府的房，豫王府的墙"的谚语。另外值得一提的是，老北京城里当年有几十座王府，但这些王府门前的石狮皆是蹲姿，而唯有豫王府门前的一对狮子是抬头匍匐的"卧狮"。据说是顺治皇帝为嘉奖劳苦功高、功勋卓著的多

豫亲王后代宝熙

刚建成不久的协和医院

刚建成不久的协和医院

刚建成不久的协和医院

铎，特下旨赐豫王府门前的狮子是“卧狮”，意即多铎为朝廷征战劳苦，天下已定应安享清福了。

1909 年，热衷慈善事业的美国石油大王洛克菲勒所创立的洛氏慈善基金会经过研究，准备在北京成立一家医学机构。1915 年，洛氏基金会决定创办北京协和医学院，随即便大张旗鼓地投资增建新学校和医院房屋，并选址豫王府。当时，末代豫亲王家族为了庞大的开销，正四处寻找买家。经过多番讨价还价，美国人最终花费了 12.5 万美元买下这座富丽堂皇的王府。由于当时豫王府主事的佟佳氏并未告知族人，导致豫王各支后裔均与他们家绝交，此事一度闹得沸沸扬扬。

美国洛克菲勒基金会在买下王府后，便着手拆除院内全部建筑，并请中美两国的专家设计，建造了中西合璧的协和医学院及附属医院的宫殿式楼群。正是在施工过程中，发生了一件轰动社会的奇闻。传闻在拆除豫亲王府的时候，美国人曾挖出大量历代豫亲王藏于地下的金银财宝，而其金银财宝的价值远远超过洛氏基金会的投资。协和医院也正是用了这些财宝购置了最先进的医疗设备，成为当时中国最好的大型综合医院。得益于这笔横财，洛氏基金会要求新校与医院的建筑质量必须达到最高标准，例如砖、琉璃瓦、木料皆为精选、特制，造价昂贵。整个新校与医院的结构独特，外表采取传统中式装修以求美观和谐，内部则采取西式，使工作方便。当年，医院的外装修为达到中式的工艺水准，洛氏基金会不惜工本，檐下廊上的油画，每平方尺的费用为五个银元，有许多为清宫做过工的老工人参加了此项工程。经过五年的施工，协和医学院及其附属医院正式落成，昔日的豫王府只保留了大门前的一对石狮。

当然也有一种说法指出，当年豫王府发生的“挖金事件”实际上是当时房屋中介方故意制造出来的谣言，其目的无非是以此形成以后王府买卖的“牛市”，好从中渔利。但不管怎么说，豫亲王家的末代继承人也确实够“败家”的。事实上，尽管出卖王府的进项有十多万美元，这在当时可是一笔巨款，但同样无法使他们过上安定的日子。没过几年，末代豫亲王家又过不下去了，结果在 1948 年的时候，端镇居然拿着豫王家祖传的金印去了中央银行，要求按照当时的金价来兑换现金。据说银行当即将金印劈开，发现为赤金打造，重 270 两。或许唯一能令豫亲王世祖多铎欣慰的是，在进入封建王朝爵位彻底退出历史舞台的年代后，他的后人中再次涌现出一些颇有成就的代表来。例如著名的艺术家金鸿钧、金大钧、金万钧兄弟，就是启字辈的多铎后裔。

郑亲王府演绎午夜幽灵

1948 年 4 月，几乎被人追了半辈子债的末代郑亲王昭煦居然也当了一回原告。原来在这一年，一部名为《十三号凶宅》的电影在北平、天津等大城市的院线隆重上映，引起了巨大轰动。按说一个末路王爷无论如何是不会与文艺圈发生纠葛的，可是因为该影片侵犯了自家的名誉权，昭煦便愤然将有关人等告上了法庭，要求他们进行赔偿和道歉。

事情是这样的：1946 年，天津励华影艺社组织人员编写了一个名为《十三号凶宅》的电影剧本，其大致剧情以郑亲王府为背景，讲述郑亲王被八国联军用战马拖死后，王府日趋没落。王族中一对兄妹私通，生下了私生女，私生女长大后，经常穿着白衣在王府里夜游……随后励华影艺社又委托位于北平的中央电影摄影厂第三厂摄制并发行，编导徐昌霖，主要演员有王元龙、谢添、朱莎、陈方千等。1947 年 3 月拍摄完成并通过国民政府电审处审查通过，接下来便是准备放映了。与我们今天类似，那时的电影行业对于放映前的宣传造势也颇为在行。为了吸引眼球，拍摄方在宣传海报中使用了诸如“王府之夜，鬼影憧憧。奇情怪闻，兄妹私通。即日上映，勿失良机”之类的字眼。作为一部纯属娱乐的商业片，《十三号凶宅》显然具备了各项足以号召票房的因素——凶杀、色情、惊悚无所不包。由于这一原因，当影片在 1948 年 3 月上映后，立即引起巨大轰动。

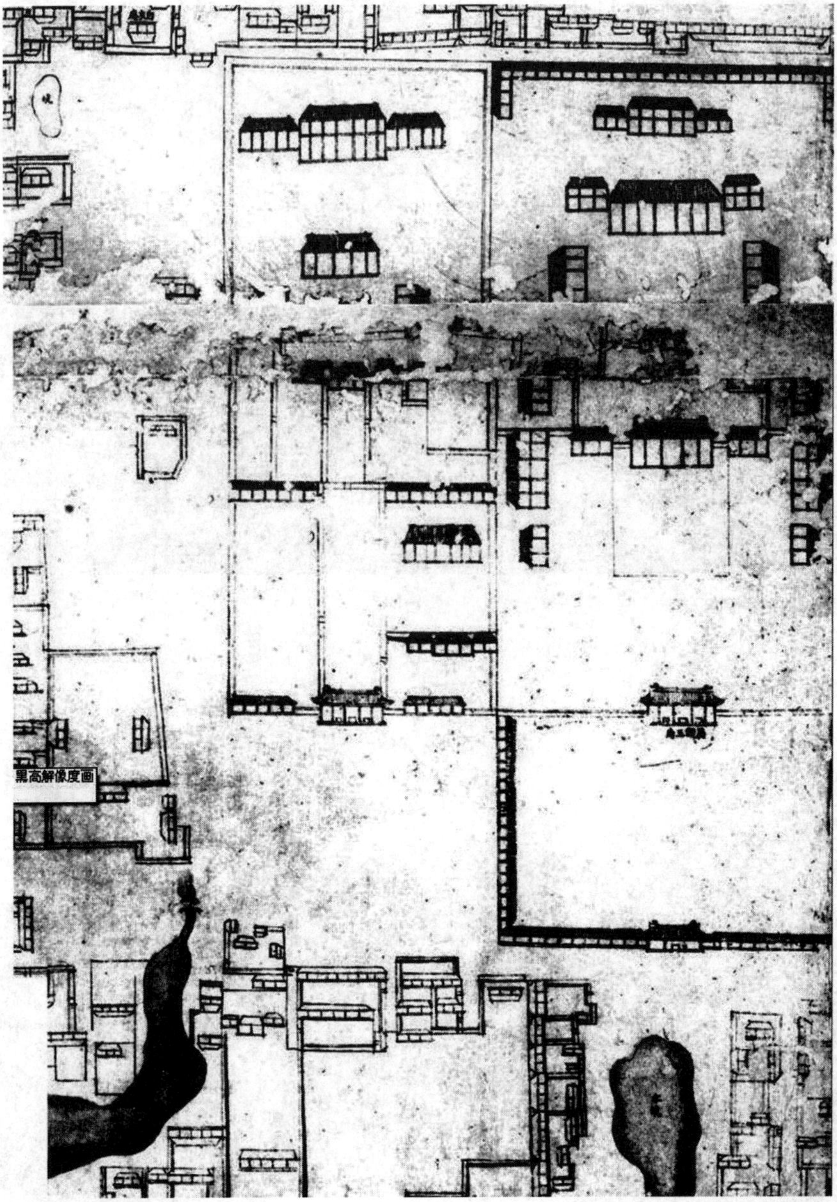

郑亲王府平面图

民国初年的郑亲王府

民国初年的郑亲王府

民国初年的郑亲王府

民国初年的郑亲王府

民国初年的郑亲王府

民国初年的郑亲王府

郑亲王府部分被改为中国大学校舍

郑亲王府部分被改为中国大学校舍

还在《十三号凶宅》拍摄期间，就有好几位自称是郑亲王后裔的人前来交涉表示抗议，但均未引起片方的重视。结果当影片正式上映后，末代郑亲王昭煦便以“金绍勋”这个名字作为原告，一纸诉状将中电三厂厂长徐昂千、徐昌霖、王元龙、谢添诸人告上法庭，并特地聘请了著名律师梁治耀、蒯晋德、蔡以沅等人代理诉讼。据当年媒体报道，原告金昭勋的诉状称：“乃今查有《十三号凶宅》一片，系中电三厂出品，按其片中情节，依据本事所载，为描写郑王府故事，指郑王府为十三号凶宅，已为故意诽谤。其中最为重大者，为指先郑王在庚子年被洋人缚于马尾拖拽以死，阴魂不散，致成凶宅。袭位之郑亲王，又受凶宅之影响，居然扑地以死。乃有遗子名翁者承袭父职。翁为纨绔儿，有妹为郑王抱养女儿，於鼎革后，家世式微，坠入青楼，嫁某军阀，后以淫荡致疑，遭军阀不满，旋不知所终。遗一女倚翁而长成，适逢‘七・七事变’，被日本人占其宅，强女侑酒伴宿，翁不从，与女同被处死，其阴魂乃在树侧徘徊等节。今因故事指摘阴私，诽谤现存之自诉人，及自诉人亡故之先人，自诉人实难容忍。”随后原告提出：“赔偿名誉损失费50亿元法币，诉讼费20亿元，合计70亿元。并在平、津、（南）京、沪各报刊登该项影片广告之原地位声明道歉，由被告全体具名。”

接到诉状后，北平地方法院刑事审判厅当即受理，并进行了公开审理。中电三厂特聘律师李朋、刘煌到庭应诉。由于这起案件在社会上炒得沸沸扬扬，因此又有大量民众怀着好奇心涌入法庭旁听，据说场面比电影院里还要热闹，每次开庭都不下数百人。有意思的是，不知是否末代郑亲王昭煦在家族中不受待见的缘故，正当官司打得如火如荼之际，自称郑王五位后裔的联惠、景煦、晏煦、融煦、宜源等人居然在《华北日报》上刊登启事，公开否认《十三号凶宅》影片系影射其先人郑亲王，并指责昭煦以往的种种行径。后来经过诉讼双方律师多番协商，最终达成庭外和解协议：昭煦撤回本案全部及附带民事诉讼，被告补偿原告15亿元；被告需将影片说明书中郑王之“郑”字改为同音异字的汉字（后改为“正王”）；原告允许《十三号凶宅》一片无须修剪，继续上映。至此，这场轰动一时的官司宣告结束。不过从事后看来，影片方反倒成了最大的赢家。由于官司本身带来了意想不到的广告效应，因此在相当长的一段时期里，《十三号凶宅》都是场场爆满，票房收入也创造了不小的奇迹。

实际上，社会上许多人将郑王府视为"凶宅"也不是没有道理的。

据记载，郑亲王府在如今地图上的准确位置为西城区大木仓胡同，即西单商场西侧，东邻大木仓北一巷，毗邻辟才胡同和二龙路西街。二龙路旧称"二龙坑"，因靠近元代郭守敬开掘的引水工程金水河，曾有积水形成的两个大水坑而得名。民国时期，国民政府将大坑填平，改称二龙路。想当年在家族鼎盛时期，郑亲王府可是北京最大的王府之一，位列清代"四大王府"之一，十分壮观宏伟。王府除了有建制规定的宫殿等建筑外，还有一个很大的花园称为"惠园"，而这花园还是著名的"儒王"德沛修建的呢。据文献记载，乾隆十三年（1748 年）德沛袭王爵后，发现府库中存银数万两。他看见以后十分惊讶，认为这是祸根，要赶紧花掉，否则会加祸于后人。于是他就把许多银子分给了府中之人，剩下的就建造了"惠园"。时人描绘称："惠园在西单牌楼郑亲王府，引池叠石，饶有幽致，传是李笠翁手笔。园后为雏凤楼，楼前有池，其后即内宫门楼。后有瀑布，高丈余，其声琅然可听"，据说当年郑亲王家还可以从附近的二龙坑引水入园，行船游乐宴饮呢，因此"惠园"又有"京城第一花园"之称。

遗憾的是，自从端华、肃顺哥儿俩成为"辛酉政变"的失败者之后，郑亲王家的日子就一落千丈，王府自然也开始衰败。到 1900 年八国联军入侵北京时，郑亲王府的精美建筑与园林也大多被烧毁。进入民国后，郑王家连吃饭都成了问题，哪里还顾得上宅院的维护？昔日风景如画的"惠园"也迅速荒废，园中杂草丛生，河湖干涸，在草丛中时有狐狸、刺猬、草蛇和黄鼠狼出没，阴森破败的景象也直接导致了"凶宅"之说广为流传。

当然，郑亲王府之所以成为传言中的"凶宅"，也的确与他们家的历史多少有些关系。想想也是，且不说深宅大院中偶尔屈死的冤魂，单是端华的上吊自尽和肃顺的身首异处，就足以令外人感到恐怖的了，而好几位继承者被中途剥夺爵位也着实晦气。久而久之，社会上便开始传言这座王府风水不好，怪事多多了，因此才成为电影界炒作的对象。

1949 年以后，郑亲王府的主体成为教育部所在地。随着许多新建筑的崛起，原有的一些建筑则渐次消失，而著名的“惠园”也彻底无影无踪了，其西部则变成了一所中学。

肃王府周围全是洋鬼子

在如今北京天安门东南方的一片建筑中，隐藏着一条中国近代政治史上最著名的街道，它就是昔日曾号称“国中之国”的东交民巷。从清朝末年直到北洋政府时期，这里几乎聚集着所有外国驻华使馆。在那个国运衰弱的年代，列强凭借着不平等条约所赋予的特权，在这里盖起各类建筑，并拥有完全独立的管理体系，而中国政府却无权干涉。要知道在这些洋鬼子闯入之前，东交民巷一带可是中央政府各大衙门所在地。东交民巷原名“东江米巷”，后被呼为“东交民巷”。由于紧挨着皇城，因此在明清时期一直是中央机关较为集中的地方，如兵部、吏部、户部、礼部、詹事府、翰林院、上林苑、太医院、钦天监和鸿胪寺等衙门都设在这一带。如今与东交民巷垂直相交的正义路当年还是御河向南流经的地方，因此这里也算是景色怡人的风水宝地了，而一些王公贵族便选择在这里扎根，其中就包括身为“铁帽子王”的肃亲王。

据记载，第一代肃亲王豪格虽然命运坎坷，但他的王府却建得宏阔富丽。该王府位于现在的正义路东侧（即今北京市政府所在地），而在御河对岸则是淳亲王府（即今公安部所在地）。值得一提的是，如今穿越剧中极为火爆的“八爷”的廉亲王府就在肃王府的东边。在洋鬼子侵略中国之前，历代肃亲王原本都平安无事地在这里繁衍生息。1860 年英法联军攻入北京后，狂妄的法国代表竟提出将肃亲王府作为自己的使馆。不过考虑

清末使馆集中的东交民巷

尚未遭破坏时的肃王府

义和团运动期间躲在肃王府内的外国人

八国联军侵华期间的肃王府大门，门前是日本士兵。

八国联军侵华时期被破坏后的肃王府

八国联军侵华时期被破坏后的肃王府

八国联军侵华时期被破坏后的肃王府

八国联军侵华时期被破坏后的肃王府

驻扎在肃王府内的日本士兵

八国联军侵华时期日本人占领了肃王府

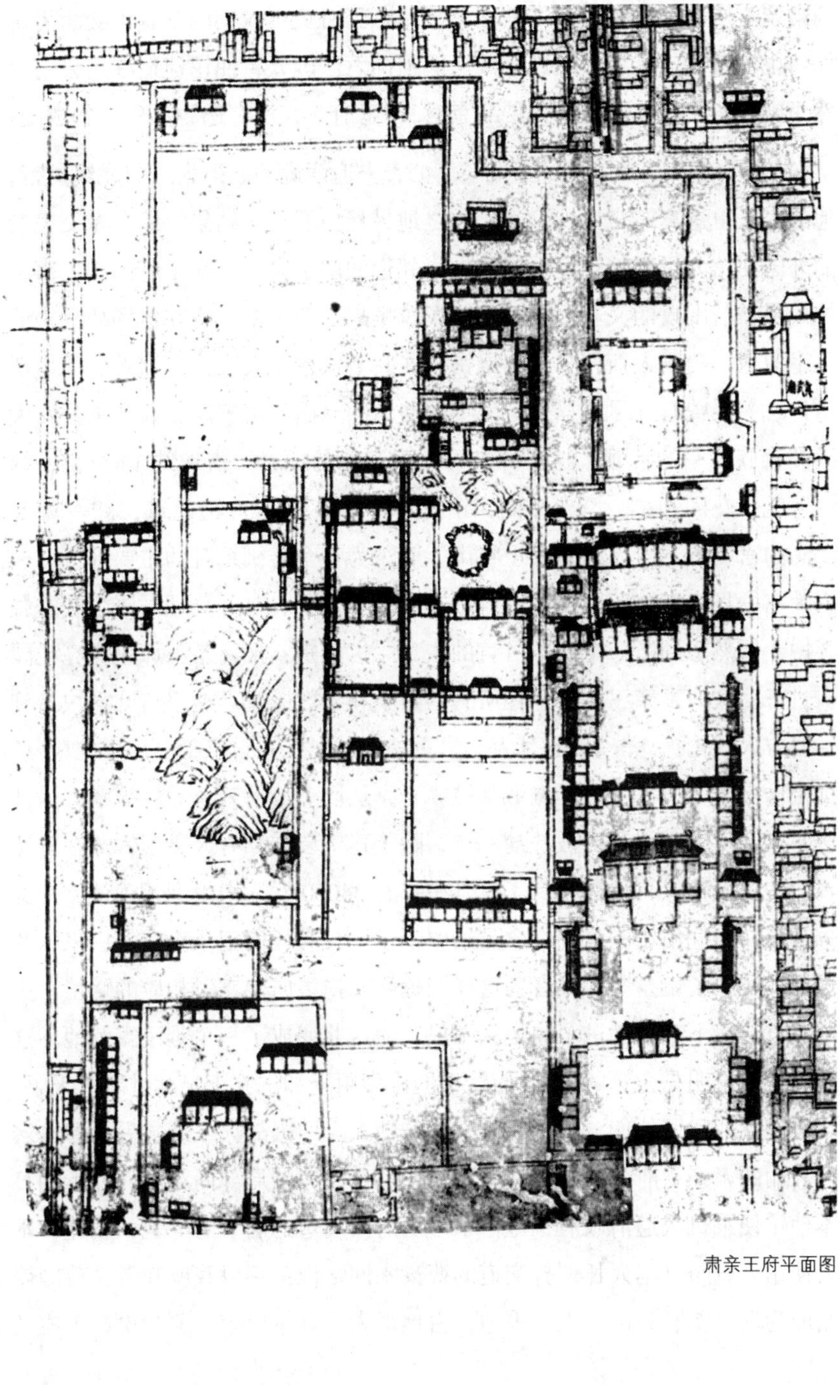

肃亲王府平面图

到肃亲王毕竟是堂堂大清“铁帽子王”，当时负责谈判的恭亲王奕訢无论如何也不敢答应。后来几经交涉，勉强同意法国人将使馆建造在纯公府。然而到庚子年间八国联军入侵北京时，肃王府终究没有逃脱洋鬼子的觊觎。

1900年闹义和团那阵儿，肃亲王忙着去追西逃的慈禧太后与光绪皇帝，他的家人也逃离东交民巷这片是非之地另择他居了。结果龟缩在东交民巷的外国使馆人员和教徒便乘机占据了邻近的肃王府，并在王府内修工事，挖地道，与围攻的义和团展开了一场拉锯战。关于肃王府在这场战乱中的不幸遭遇，美国人斯特林·西格雷夫在其著作《龙夫人：慈禧太后的生活与传说》中曾有详尽的描述：“英国使馆的对面是肃王府，肃亲王是八大满洲家族之一的首领。这一片被称为肃王府的地方，占地约14英亩，绿树葱茏，花团锦簇，亭台楼阁，错落其中，总共有30幢建筑，被一圈20码高的宫墙围着。窦纳乐爵士将肃王府视为整个防御系统的主要部分……因为它一旦失守，英国使馆也就基本上守不住了。……莫理循医生和秀耀春博士偶然想到了一个妙不可言的主意，也就是：把肃亲王那座漂亮花园占过来。……肃亲王留下了他所有的财宝和半数嫔妃。这座宫邸很快遭到了西方人的抢掠。古董、艺术品、贵重的瓷器以及来自亲王书房里的珍藏，都被偷走了，所有的绫罗绸缎都被撕开，从墙上放下来，然后被拿去做沙包。肃亲王的宫殿亭阁被洗劫一空，除了建筑装饰。有大量现钞藏在五花八门的秘密地点，也被找到了，其中只有34000元后来得到了确认，一部分被当作纪念使馆围攻的纪念品给留下了。没有任何记录表明：后来这些现钞被还给了肃亲王，或者为这样的掠夺和损害向他支付相应的赔偿。中国基督徒接下来就搬进了这块场子里，使这儿变成了一个难民露营地。这一安排被证明是合算的，因为使馆里的许多厨子和洗衣工早就逃之夭夭了。难民们就取代了他们，成了围攻时期的佣人。”当战火平息之后，原本宏伟壮丽的肃亲王府几乎成为一片废墟，仅王府花园局部尚存。而邻近的日本使馆便乘机威逼清政府，抢占了肃王府及周边的詹事府等地，新建日本公使馆。曾与日本人长期打交道的曹汝霖回忆说：“以我所知者，英国使馆原为翰林院、兵部、工部等地，占地最大。日本使馆，原为肃亲王府及詹事府旧址，兵舍另在一处，其他不详。被占之府邸民房，政府由户部拨银四十万两以为补偿。”由于这一历史渊源，据说现今北京市政府院内还保留一座日本明治时代建的西式楼房。

1901年慈禧太后与光绪一行回銮后，无家可归的肃亲王善耆不禁悲从中来，大病一场，连指甲都脱落了。曾经有一阵儿，堂堂的“铁帽子王”一家竟不得不在偏远山区门头沟暂住。后来为了补偿善耆的损失，朝廷又将北新桥船板胡同（今东四十三条）荣禄的一处宅子改建为肃王府，不过已无法保持王府的形制了。新肃王府虽然号称有房屋200间，但并不是王府的规制，只是由几个大的四合院组成，内有寝室、书房和花园。在花园的最北侧还建有一座二层小楼，楼内装修完全按照法式风格布置，楼内建有发电机，屋内摆放有西洋定做的钢琴、洋床，连吊灯都是完全从欧洲进口的。到抗战期间，这座肃王府又被日本人占用，直到1945年才由后人收回，解放后被政府没收，如今已成为居民区。

民国成立后，善耆逃离北京前往旅顺，开始了在日本人卵翼下的生活。为了表示亲善，日本方面便将旅顺一座俄国人的别墅（今旅顺新市区新华大街9号）作为东交民巷肃亲王府的赔偿赠送给了他，此外还指定旅顺官地九千亩由肃亲王善耆承领为世产。不过在经历了多年的岁月变迁后，无论是北京还是旅顺的肃王府都已变得面目全非，丝毫找不到“铁帽子王”家的影子了。

庄亲王府被军阀多番折腾

说起来，在鼎盛时期，庄亲王府的建筑规模也是很气派的。它南起太平仓胡同，北至群力胡同，东起西皇城根北街，西至西四北大街、新街口南大街。范围广阔，占地面积很大。然而在进入民国后，为了维持生计，庄亲王载功不得不一咬牙把府邸卖给军阀李纯兄弟，当时的成交价是 20 万银元。谁知这一倒手，庄王府却被彻底闹了个底朝天。

李纯（1874—1920），字秀山，天津河东人，清末曾在袁世凯麾下任北洋陆军第六镇第十一协协统，辛亥革命后被委任为江西都督兼民政长，袁世凯称帝失败后又被任命为江苏都督。如同许多北洋地方军阀一样，他积累的财产多达 1000 万元之巨。不过此人倒也做了一些好事，尤其热心教育，曾在天津捐建了 3 所小学，并为南开学校捐资 50 万元。除此之外，李纯还在京津两地广置房产，其中购买庄王府就是当年轰动一时的大手笔。

1914 年，李纯开价 20 万元，买下了坐落在北京西城的庄亲王府。原本他还准备在这座王府里好好住上一阵的，但不久北京城忽然流传的一个消息让他改变了主意。原来在 1916 年，社会上风传美国人在买下豫王府准备兴建协和医院时，竟意外地在王府后院里挖出一大笔金银财宝，其价值远远超过了建筑费。听闻这个消息后，李纯也不禁动心了，寻宝心切的他也希望能在庄王府里发现财宝。于是在他命令下，王府中保存下来的建筑都被拆除，建筑的各个部件都被编上号，然后原样移建到天津南开区（今

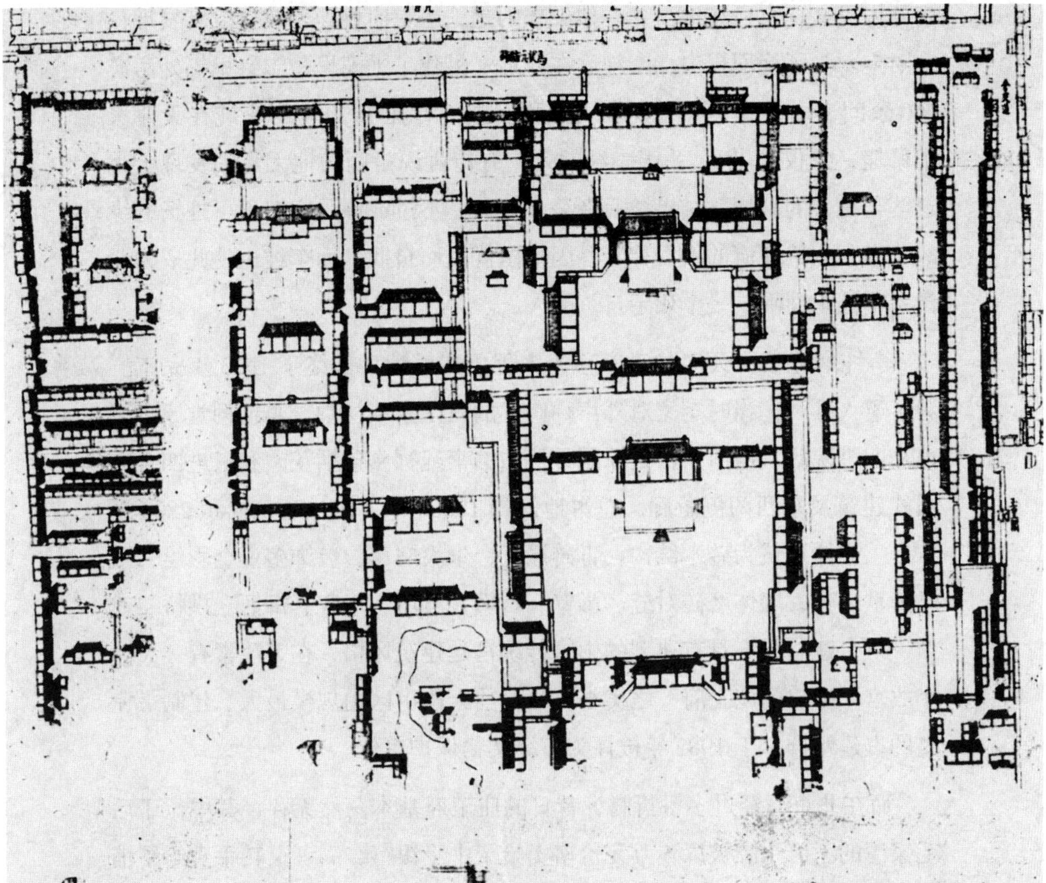

庄亲王府平面图

南开人民文化宫所在地）。令他失望的是，庄王府掘地三尺也没有发现什么财宝。为了挽回损失，李纯又在原址上另建了平安里、志兴里等处房产700余间，由平安里经租处负责出租。紧接着在1920年，李纯在天津家中暴毙，年仅46岁。关于李纯的死，有传言说是因为他无意中发现了小老婆与马夫的私情，结果被后者杀人灭口。不过或许是家丑不可外扬的缘故，李家人给政府的报告称其是因忧国忧民而自戕，而李纯也就此成为北洋系军阀里面唯一一个死于自杀的人。

李纯暴毙后，天津的王府移建工程仍在继续，最终于1923年完工。为了避人耳目，当时李家对外声称修建的只是家族祠堂。李纯祠堂原本应该是四进院落，但由于历史原因，目前的李纯祠堂包括花园和三进四合宫殿式建筑及东西两侧游廊，总占地面积18000平方米，建筑面积2800平方米。主体建筑为砖木结构，青砖绿瓦，朱漆门窗，装饰多鎏金彩绘，殿堂为歇山顶，墙体磨砖对缝。影壁、石狮、石坊、华表、御河、拱桥、戏楼、月台建制整齐具有典型的中国传统宫廷建筑风格，在天津素有“天津小故宫”“津门庄王府”之美誉。是目前天津市区内规模最大、建制最完整的古建筑群，于1982年被评为市级文物保护单位。

而在北京，经过多番折腾，昔日的庄王府基本荡然无存，其中位于后毛家湾的王府小院被以5万元价格卖给了中孚银行，后者又转手卖给了辅仁女校。而王府遗址所在的后毛家湾1号院，还曾是林彪1951—1971年间的住所呢。至于王府其他的地方，现如今已是楼房林立了。

恭王府总摆脱不了与和珅的干系

恭王府位于什刹海西侧，曾是乾隆皇帝宠臣、大学士、大贪官和珅的私家豪宅。此地最初乃明弘治年间不可一世的大太监李广的府址，因而此地旧有李广桥的名称（即今柳荫街）。《明史》记载，李广在此“起大第、引玉泉山水，前后绕之”。后李广获罪，府邸被充公。至清代，此地已是民宅。

和珅（1750—1799），钮祜禄氏，字致斋，满洲正红旗人。和珅自幼聪明好学，精通满、蒙、汉、藏四种文字，且为人圆滑，极善阿谀奉承，因此深受乾隆皇帝宠爱，甚至将自己最喜爱的十女儿固伦和孝公主指婚给和珅长子丰绅殷德，与和珅成为了儿女亲家。乾隆 65 岁上喜得此女，欢喜异常。据说，和孝公主性情、外貌全都酷肖其父，性格也颇似男子，且天生神力，能开十个劲的硬弓，时常陪着父皇骑马打猎。乾隆曾不止一次对她说如果她是个男孩子，自己一定将皇位传给他。和孝公主的生母为乾隆皇帝晚年的宠妃汪氏，却被乾隆封为只有皇后所生之女才能晋封的固伦公主，可见对她的喜爱程度。十公主非但武功卓绝，而且胸襟非凡。当和珅春风得意、仗势恣意妄为之时，公主就曾经对丰绅殷德说：“你阿玛受我父皇厚恩，不思回报，却只知纳贿。我都替你们担忧啊，到了身家不保的那一天，连我也要受到你们牵累！”

恭王府旧影

恭王府旧影

恭王府旧影

恭王府旧影

恭王府旧影

恭王府旧影

1776年，和珅开始以迎娶公主为名在什刹海西岸选中了这块风水宝地，为自己兴建豪宅。以贪腐闻名的和珅为了得到最好的享受，兴建此宅时可以说是不遗物力、人力、心力，极尽奢华之能事。不过，他大概不会预想到，自己在大兴土木的同时，也为自己筑就了一条不归路。嘉庆皇帝后来赐死和珅时，宣布了他的二十条罪状，其中之一就是：“所盖楠木房屋僭侈逾制，其多宝阁、隔断皆仿造宁寿宫制造，其园寓点缀，与圆明园蓬岛瑶台无异，不知是何肺肠。”嘉庆四年（1799年），太上皇乾隆前脚驾崩，嘉庆后脚就将和珅抄家籍产，赐令自尽。据说，查抄和珅的全部财富约值白银2000万两，相当于清政府半年的财政收入，所以有“和珅跌倒，嘉庆吃饱”的说法。府邸最深处横有一座两层的后罩楼，东西长达156米，后墙共开44扇什锦窗，内有108间房，俗称“99间半”，取道教“届满即盈”之意——据说这里就是当年和珅用来藏宝的所在，那44扇什锦窗形态各异，没有一个是相同的，是和珅特意用来识别所藏的不同宝物的。

和珅伏诛后，此宅被嘉庆赐予觊觎已久的同母弟庆郡王永璘。不过，当时永璘只是占用了此府西路及中路，东路仍由和珅的儿媳固伦和孝公主夫妇居住。直到公主于1823年9月去世后，此宅才尽归庆王府所有，不过此时永璘已去世三年多了。

到了咸丰初年，永璘的后人奕劻的爵位已世袭递降至辅国将军，不再适合住在亲王级别的庆王府，咸丰皇帝便将此宅赐给了恭亲王奕訢，始称恭王府。在奕訢迁入此府前，内务府按照亲王规制进行了大规模修缮，形成了今日前王府、后花园的布局。“月牙河绕宅如龙蟠，西山远望如虎踞”——这是史书上对恭王府的描述。古人修宅建园十分注重风水。北京据说有两条龙脉，一是土龙，即故宫的龙脉；二是水龙，指后海和北海一线，而恭王府正好在后海和北海之间的连接线上，即龙脉上，风水自然是绝佳。古人以水为财，在恭王府内“处处见水”，最大的是湖心亭的水，引自玉泉湖，而且只内入不外流，即所谓“流进不流出”。

辛亥以后，按照民国政府优待清室条例的规定，王府成了府主人的私

乾隆时期的宠臣和珅，恭王府的第一代主人。

恭亲王府旧影

产。后因政局动荡，生计艰危，一向游手好闲、学无所长的末世王孙们为生活所迫，纷纷卖掉府第。恭王府也一样没能逃脱可悲的命运。

1921年，小恭王溥伟为筹集复辟经费，将恭王府府邸部分的“龙票”，以8万银元的价格抵押给了北京天主教会的西什库教堂。十几年后，利上加利，8万银元的抵押款已滚到了近20万。而此时的溥伟已是穷途末路，根本无力偿还这笔巨款债务。1932年，由罗马教会兴办的辅仁大学，以教会之间的关系，用108根金条代偿了这笔贷款，取得了恭王府的产权。1937年，辅仁大学将府邸部分作为女院，并把后罩楼通向萃锦园的通道砌死，府邸与花园开始分开。同年，原先居住在花园中的溥伟二弟溥儒，又以10万银元的价格将花园也卖给了辅仁大学。

新中国成立以后，恭王府曾被公安部宿舍、风机厂、音乐学院等多家单位使用过。府邸和花园的部分建筑都遭到了不同程度的损毁，但所幸王府总体格局基本保存了下来。

许多年以来，恭王府一直被传为是《红楼梦》里荣国府与大观园的原型，红学家们也为此争论不休。1962年，周恩来总理在当时的北京市副市长、著名红学家王昆仑等人的陪同下到恭王府视察。参观过府邸与花园之后，周总理指示说："不要轻率地肯定它是，但也不要轻率地否定它就不是。要将恭王府保护好，将来有条件时向社会开放。"1975年周总理病重之时，仍念念不忘此事。他在病床上嘱托时任国务院副总理的谷牧务必办好三件事，其中之一就是向社会开放恭王府。1978年开始，恭王府的腾退保护工作拉开帷幕。1988年，整饬完毕的花园部分率先对游客开放。2006年，这项在三代国家领导人、众多专家学者、新闻媒体，以及各界有识之士高度关注下的腾退工作，历经28载的漫漫艰辛，终于得以完成。2008年北京奥运前，历时3年的府邸修缮工程顺利完工，并在8月20日正式开放。至此，周总理的遗愿终于得以实现。

如今的恭王府已经成为北京著名的旅游景点，2012年初又荣获国家5A级旅游景区的称号，年游客接待量达300万人次。但恭王府似乎永远与和珅撇不清。恭王府旅游的火爆起源于《宰相刘罗锅》《铁齿铜牙纪晓岚》等电视剧，于是乎人们纷纷奔着大贪官和珅而来，来看看和大人的豪宅、和大人的藏宝楼、和大人超标准装修的"复式"起居室……想来恭亲王泉下有知，必然也很无奈呀。

附录

清朝十二家铁帽子王世系

一、礼亲王

1、礼烈亲王代善，1636—1648 年；

2、巽亲王满达海，1649—1652 年；

3、巽亲王常阿岱，1652—1659 年；

4、康良亲王杰书，1659—1697 年；

5、康悼亲王椿泰，1697—1709 年；

6、康修亲王崇安，1709—1733 年；

7、康简亲王巴尔图，1734—1753 年；

8、礼恭亲王永恩，1753—1805 年；

9、已革礼亲王昭梿，1805—1816 年；

10、礼安亲王麟趾，1817—1821 年；

11、礼和亲王全龄，1821—1850 年；

12、礼恪亲王世铎，1850—1914 年；

13、礼敦亲王诚厚，1914—1917 年；

14、礼亲王诚堃，1917—1929 年；

15、礼亲王濬铭，1929—1951 年。

二、郑亲王

1、郑献亲王济尔哈朗，1636—1655 年；

2、简纯亲王济度，1657—1660 年；

3、简惠亲王德塞，1661—1670 年；

4、已革简亲王喇布，1670—1681 年；

5、简修亲王雅布，1683—1701 年；

6、已革简亲王雅尔江阿，1703—1726 年；

7、已革简亲王神保住，1726—1748 年；

8、简仪亲王德沛，1748—1752 年；

9、简勤亲王奇通阿，1752—1763 年；

10、简恪亲王丰讷亨，1763—1775 年，

11、郑恭亲王积哈纳，1776—1794 年；

12、郑慎亲王乌尔恭阿，1794—1846 年；

13、已革郑亲王端华，1846—1861 年；

14、已革郑亲王承志，1864—1871 年；

15、郑顺亲王庆至，1871—1878 年；

16、郑恪亲王凯泰，1878—1900 年；

17、郑亲王照煦，1902—1950 年。

三、睿亲王

1、睿忠亲王多尔衮，1636—1650 年；

2、追封睿亲王多尔博，1642—1672 年；

3、追封睿亲王苏尔发，1664—1701 年；

4、追封睿亲王塞勒，1680—1729 年；

5、追封睿亲王功宜布，1714—1746 年；

6、追封睿亲王如松，1737—1770 年；

7、睿恭亲王淳颖，1778—1800 年；

8、睿慎亲王宝恩，1801—1802 年；

9、睿勤亲王端恩，1802—1826 年；

10、睿僖亲王仁寿，1826—1864 年；

11、睿悫亲王德长，1865—1876 年；

12、睿敬亲王魁斌，1876—1915 年；

13、睿亲王中铨，1915—1939 年。

四、豫亲王

1、豫通亲王多铎，1636—1649 年；

2、豫宣和亲王多尼，1649—1661 年；

3、追封豫亲王鄂扎，1661—1702 年；

4、追封豫亲王董额，1703—1706 年；

5、追封豫悫亲王德昭，1706—1762 年；

6、追封豫恪亲王如松，1762—1770 年；

7、豫良亲王修龄，1771—1786 年；

8、已革豫亲王裕丰，1786—1814 年；

9、已革豫亲王裕兴，1814—1820 年；

10、豫厚亲王裕全，1820—1840 年；

11、豫慎亲王义道，1841—1857 年；

12、豫诚亲王本格，1857—1898 年；

13、豫亲王懋林，1899—1912 年；

14、豫亲王端镇，1912—1962 年。

五、肃亲王

1、肃武亲王豪格，1636—1648 年；

2、显懿亲王富绶，1651—1669 年；

3、显密亲王丹臻，1669—1702 年；

4、显谨亲王衍潢，1702—1771 年；

5、肃勤亲王蕴著，1771—1778 年；

6、肃恭亲王永锡，1778—1821 年；

7、肃慎亲王敬敏，1821—1852 年；

8、肃恪亲王华丰，1852—1869 年；

9、肃良亲王隆懃，1870—1898 年；

10、肃忠亲王善耆，1898—1922 年。

六、庄亲王

1、承泽裕亲王硕塞，1644—1655 年；

2、庄靖亲王博果铎，1655—1723 年；
3、庄恪亲王允禄，1723—1767 年；
4、庄慎亲王永瑺，1767—1788 年；
5、庄襄亲王绵课，1788—1826 年；
6、已革庄亲王奕镈，1826—1838 年；
7、庄勤亲王绵护， 1838—1841 年；
8、庄质亲王绵深， 1842—1845 年；
9、庄厚亲王奕仁，1846—1874 年；
10、已革庄亲王载勋，1875—1901 年；
11、庄恭亲王载功，1902—1915 年；
12、庄亲王溥绪，1916—1933 年。

七、克勤郡王

1、成亲王（克勤郡王）岳托，1636—1639 年；
2、衍僖介郡王罗洛浑，1639—1646 年；
3、平比郡王罗科铎，1648—1682 年；
4、已革平郡王讷尔图，1683—1687 年；
5、平悼郡王讷尔福，1687—1701 年；
6、已革平郡王讷尔苏，1701—1726 年；
7、平敏郡王福彭，1726—1748 年；
8、平僖郡王庆明，1749—1750 年；
9、克勤良郡王庆恒，1750—1779 年；
10、克勤庄郡王雅朗阿，1780—1794 年；
11、已革克勤郡王恒谨，1795—1799 年；
12、克勤简郡王尚格，1799—1833 年；
13、克勤恪郡王承硕，1833—1839 年；
14、克勤敏郡王庆惠，1842—1861 年；
15、克勤诚郡王晋祺，1861—1900 年；

16、克勤顺郡王崧杰，1900—1910年；

17、克勤郡王晏森，1910—？年。

八、顺承郡王

1、顺承恭惠郡王勒克德浑，1648—1652年；

2、已革顺承郡王勒尔锦，1652—1680年；

3、顺承郡王勒尔贝，1681—1682年；

4、顺承郡王延奇，1682—1687年；

5、顺承郡王充保，1687—1698年；

6、已革顺承郡王穆布巴，1699—1715年；

7、顺承忠郡王诺罗布，1715—1717年；

8、已革顺承郡王锡保，1717—1733年；

9、顺承恪郡王熙良，1733—1744年；

10、顺承恭郡王泰斐英阿，1744—1756年；

11、顺承慎郡王恒昌，1756—1778年；

12、顺承简郡王伦柱，1786—1823年；

13、顺承勤郡王春山，1823—1854年；

14、顺承敏郡王庆恩，1854—1881年；

15、顺承质郡王讷勒赫，1881—1917年；

16、顺承郡王文葵，1917—1949年。

九、怡亲王

1、怡贤亲王允祥，1722—1730年；

2、怡僖亲王弘晓，1730—1778年；

3、怡恭亲王永琅，1779—1799年；

4、怡恪亲王奕勋，1799—1818年；

5、怡亲王载坊，1819—1820年；

6、已革怡亲王载垣，1825—1861年；

7、怡端亲王载敦，1864—1890 年；

8、已革怡亲王溥静，1891—1900 年；

9、怡亲王毓麒，1902—1949 年。

十、恭亲王

1、恭忠亲王奕䜣， 1864 年加亲王衔，1872 年准世袭罔替；

2、恭贤亲王溥伟，1898—1936 年；

3、恭亲王毓嶦，1936—1945 年。

十一、醇亲王

1、醇贤亲王奕𫍽，1872 年进亲王，1874 年准世袭罔替；

2、醇亲王载沣，1890—1945 年。

十二、庆亲王

1、庆僖亲王永璘，1820 年进亲王；

2、庆良郡王绵慜，1820—1836 年；

3、已革庆郡王奕彩，1836—1842 年；

4、追封庆亲王绵悌，1852 年追封；

5、庆密亲王奕劻， 1894 年进庆亲王，1908 年准世袭罔替；

6、庆贞亲王载振，1917—1947 年。

图书在版编目（CIP）数据

贵胄凡尘：清朝十二家铁帽子王的前世今生 / 金梅著. -- 太原：山西教育出版社，2015.3

ISBN 978-7-5440-7483-4

Ⅰ.①贵… Ⅱ.①金… Ⅲ.①皇室—家族—史料—中国—清代 Ⅳ.① K820.9

中国版本图书馆 CIP 数据核字 (2014) 第 276734 号

书　　名　贵胄凡尘：清朝十二家铁帽子王的前世今生

作　　者　金　梅

出 品 人　雷俊林

策 划 人　孙　铁

责任编辑　郭文礼

助理编辑　晋晓敏

装帧设计　后声 HOPESOUND Pankouyugu@163.com

出版发行　山西出版传媒集团·山西教育出版社

（地址：太原市水西门街馒头巷 7 号 电话：0351-4729801 邮编：030002）

印　　装　山东临沂新华印刷物流集团有限责任公司

开　　本　787×960　1/16

印　　张　20

字　　数　180 千字

版　　次　2015 年 3 月第 1 版

印　　次　2015 年 3 月第 1 次印刷

书　　号　ISBN 978-7-5440-7483-4

定　　价　36.90 元
